AF543749

Gude Schaal

Mein Weg in die Malerei

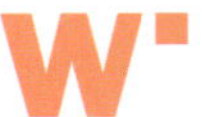

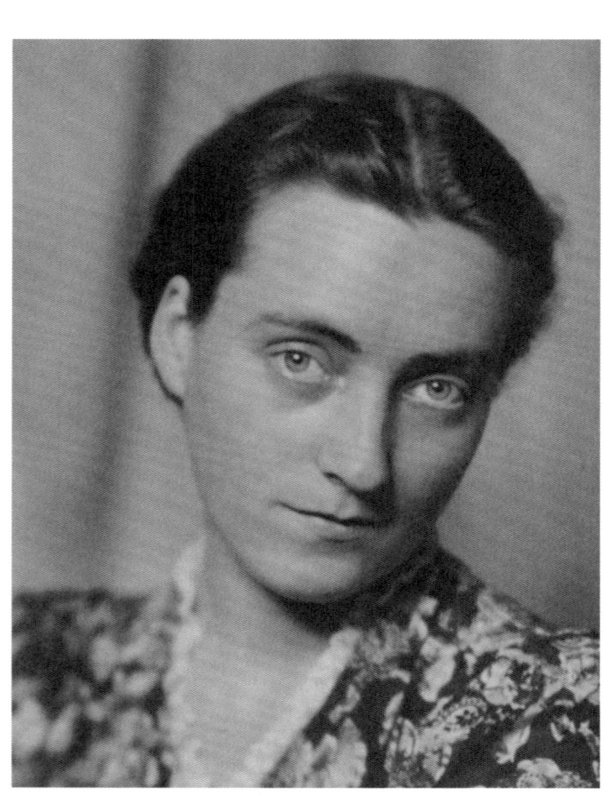

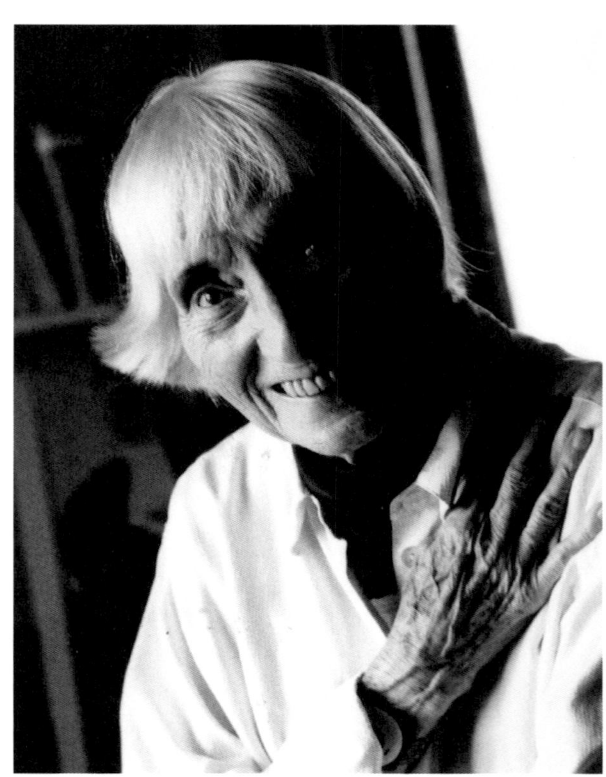

Gude Schaal

Mein Weg in die Malerei

Für das Kunstmuseum Reutlingen herausgegeben
von Rainer Lawicki

Kunstmuseum Reutlingen | Spendhaus
31. August 2024 – 26. Januar 2025

WIENAND

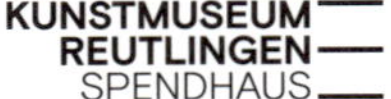

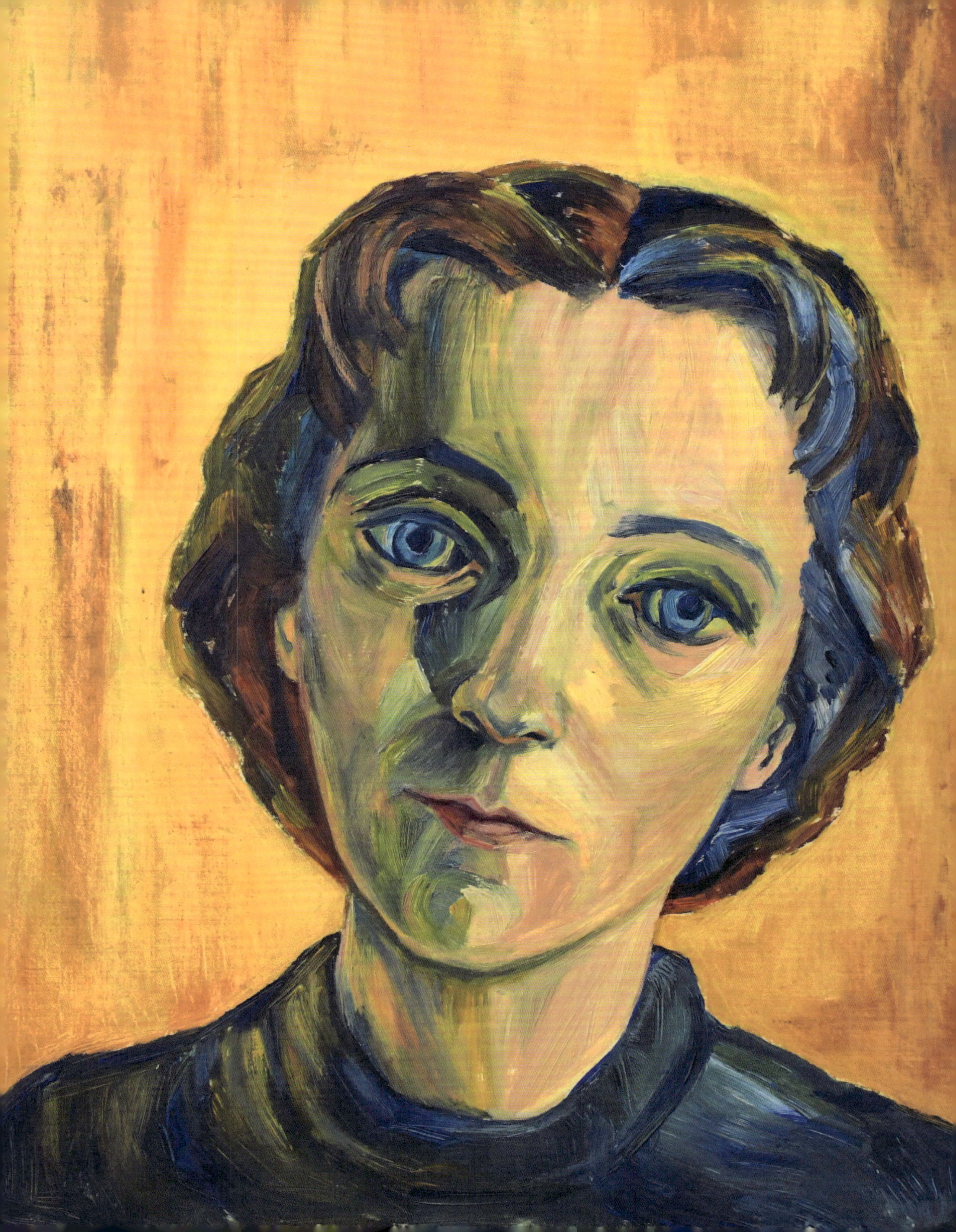

Inhalt

Geleitwort

Das Spendhaus des Kunstmuseums Reutlingen öffnet sich für die »wilde Malerin» Gude Schaal, wie die Buchillustratorin, Schriftstellerin und freie Künstlerin sich selbst bezeichnete und auch in Zeitungsartikel apostrophiert wurde.[1] Ihre Arbeiten und das von ihr bediente Narrativ hingegen wirken gar nicht so wild: Norddeutsche Sehnsuchtslandschaften, die gerne mit einer »schweren düsteren Kargheit« umschrieben werden und deren Gemüt als »ernst, schwerblütig, herb [und] melancholisch« charakterisiert wird[2] – und dies vor dem Hintergrund eher konventioneller Bildgenres und Sujets wie Selbstporträts, Landschaften und Stillleben. Gemalt und gezeichnet im Stil der Neuen Sachlichkeit, des Kubismus und des Expressionismus, trifft die Künstlerin den bildungsbürgerlichen Kunstgeschmack. Sie selbst referiert auf Künstler- und Künstlerinnenvorbilder wie Paula Modersohn-Becker, Käthe Kollwitz oder Vincent van Gogh und stimmt ebenso wie sie in den schwermütigen Tenor von Kunst als eine »schwere Gabe und Aufgabe«[3] ein. So wirken in dieser Konsequenz die dargestellten Menschen masken- und puppenhaft sowie in ihrer Individualität enthoben, die Landschaften menschenleer und die Bildkompositionen stark autobiografisch emotionalisiert.

Der vorliegende Katalog zur Ausstellung *Gude Schaal. Mein Weg in die Malerei* möchte mit seinen Beiträgen nicht gegen dieses Narrativ arbeiten oder Schaal als eine Wegbereiterin der malerischen Avantgarde überbewerten, sondern vielmehr die Würdigung einer Künstlerin vornehmen, die in ihrer Kunst, ihrer Herkunft und ihrem Leben mit Reutlingen in Verbindung steht.

Gude Schaal, die als Reutlinger Künstlerin gilt, verbrachte fast 70 Jahre ihres Lebens in Reutlingen. Ursprünglich aus Hamburg-Altona in Norddeutschland stammend, verspürte sie stets eine Sehnsucht nach dem Norden und fühlte sich trotz familiärer Verbindungen durch ihren aus Calw gebürtigen Vater nie vollständig im Schwäbischen heimisch. Ihre erste größere Ausstellung fand 1970 in der Hans-Thoma-Gesellschaft, dem heutigen Kunstverein Reutlingen, statt, wo sie hauptsächlich Ölgemälde und Porträts präsentierte. Schaal war Mitglied der Hans-Thoma-Gesellschaft, des Malerkollegiums und der GEDOK.

Die Ausstellung im Spendhaus bietet nun einen umfassenden Überblick über ihr Lebenswerk, das in zwei künstlerische Phasen unterteilt wird. Die erste Phase beinhaltet ihre Anfänge, Ausbildung und Arbeiten als Buchillustratorin unter ihrem Geburtsnamen Gudrun Dölker, während sie in der zweiten

Phase anfänglich Aquarelle sowie Gouachen und nachfolgend primär Ölgemälde unter dem Namen Gude Schaal beziehungsweise GSA fertigte. Heirat, familiäre Verpflichtungen und die daraus resultierende nervliche und psychische Überbelastung führten zu einer künstlerischen Pause. Der Titel der Ausstellung *Mein Weg in die Malerei* stammt von einem Text, den die Künstlerin selbst verfasst hat.[4] Auf drei Etagen zeigt die Ausstellung zentrale Arbeiten aus ihrem Œuvre und verbindet diese chronologisch-thematisch mit Schaals Biografie. Ihre Werke zeichnen sich durch flächige Malerei mit klaren Farbabgrenzungen, ein häufiges farbiges Grau in verschiedenen Tönen und starke Umrisslinien aus. Obwohl sie sich an Vorbildern orientierte, entwickelte sie eine eigenständige Handschrift und Interpretation, mit häufigen Bild- und Motivwiederholungen, die sie stets mit neuen Aspekten versah.

In ihrem Textbeitrag im vorliegenden Katalog deutet Julia Berghoff auf die unterschwellige Melancholie, aber auch auf die Bildironie hin, die oft als gezielte Widersprüche in den Bildern auftauchen. So strahlen Schaals Arbeiten trotz der dunklen Tonalität und perspektivischen Verzerrungen eine besondere Harmonie aus, die ihre tiefe autobiografische Verbundenheit mit der Kunst widerspiegelt. Anna Katharina Thaler verweist in ihrem Beitrag auf die Inspiration, die Vorbilder von Gude Schaal. Nachdrücklich stellt sie dar, auf welche Weise kunsthistorische Bildideen und -zitate sich mit der Selbstverortung und Wahrnehmung der Künstlerin vereinbaren lassen. Rainer Lawicki kann abschließend zeigen, wie das künstlerische Werk von Gude Schaal in ihre theoretischen Texte und Kunstreflexionen der Tagebuchaufzeichnungen eingebunden ist.

Die Ausstellung ist in Zusammenarbeit mit dem Nachlass Gude Schaals, der von der Galerie Reinhold Maas in Reutlingen verwaltet wird, entstanden. Dementsprechend gebührt Reinhold Maas ein besonderer Dank. Leihgaben aus privaten Sammlungen ergänzen mit wichtigen Ölbildern von Gude Schaal den Werküberblick, wofür wir uns aufrichtig bedanken. Ebenso wäre ohne Silke Guhl, Fritz Dannenmann, Ulrich Hägele ein Einblick in die Person Gude Schaal nicht möglich gewesen. Dank der Hilfe von Roland Brühl und Birgit Kayser (Stadtarchiv Reutlingen), Birgit Staack (Altonaer Museum) sowie Friedhild Blumtritt-Stöhr (Regierungspräsidium Tübingen) konnten viele offene Recherchefragen geklärt und dank der Autor*innen des vorliegenden Bands, Julia Berghoff, Anna Katharina Thaler und Rainer Lawicki, auch verschriftlicht werden.

Anna Katharina Thaler gebührt ein ganz besonderer Dank für die konzeptuellen Vorarbeiten zur Ausstellung, die Rainer Lawicki mit der kuratorischen Ausarbeitung der Ausstellung aufgriff und modifizierte. Die Herausgabe des Katalogs lag in seinen Händen. Wir danken den Mitarbeiter*innen des Wienand Verlags für die angenehme und gute Zusammenarbeit sowie die sorgsame Umsetzung der Publikation.

Stephan Rößler, Leiter Kunstmuseum Reutlingen

1 Vgl. Kurz, Uschi: »Die wilde Malerin ist tot. Die Reutlinger Künstlerin Gude Schaal starb 96-jährig«, in: *Schwäbisches Tagblatt*, 3.1.2012, S. 21.

2 Grimm, Gerhard: *Die Malerin Gude Schaal. Einführung in das Werk*, Hamburg 1985, S. 3/4.

3 Schaal, Gude: »Gedanken über Kunst«, in: Grimm 1985 (wie Anm. 2), S. 18.

4 Vgl. Schaal, Gude: *Mein Weg in die Malerei*, 2002, Typoskript, Nachlass Gude Schaal, Reutlingen, sowie im vorliegenden Band, S. 8–15.

Mein Weg in die Malerei[1]

Gude Schaal

Schon als kleines Kind soll ich unter meine ›Gemälde‹ geschrieben haben: ›Malerin‹. Dies zu werden blieb mein Ziel lebenslang. Ich war ein Eigenbrötler, in jeder freien Minute saß ich [in] meinem Zimmer, las, schrieb oder zeichnete. In der Schule nicht auffallend (nur durch eine 5 in Mathe), aber immer etwas anders. Im humanistischen Gymnasium hatte ich zwar 6 Jahre Latein und 4 Jahre Altgriechisch (9 Jahre Englisch, dann das große Latinum und das Graecum), aber keinen Kunstunterricht in den oberen Klassen. Doch durfte ich die lustigen Zeichnungen zu den Klassenzeitungen machen, auch Illustrationen zur Odyssee. Noch während der Schulzeit fing ich an, illustrative Bleistiftzeichnungen zu machen, farblich mit zarter Wasserfarbe versehen.

Nach dem – knapp bestandenen – Abitur verlangten meine Eltern, vor dem Kunststudium einige Monate als ›paying guest‹ auf ein Gut in Holstein und ein halbes Jahr in eine Haushaltungsschule in Hamburg-Altona zu gehen. (Ich wohnte bei meiner Großmutter, denn dass ich gleich nach dem Abi wieder in den heimatlichen Norden gehen würde, war klar.) Zum Glück verstanden meine Eltern, dass ich Kunst studieren wollte – meine Mutter war selber Künstlerin, Sängerin und Schriftstellerin, Hamburgerin. Aber sie erwarteten, dass ich nicht freie Künstlerin (also ›brotlos‹) werde[n] sollte, sondern selbstständig lebende Illustratorin – was mir auch 2 Jahre gelang vor der Ehe.

Inzwischen lebten wir ja in der Nazi-Diktatur (Abi 1935), aber nachdem ich in den letzten beiden Schuljahren BDM-Gruppenführerin gewesen war, habe ich danach keine Eingriffe in mein privates Leben mehr ertragen müssen. Man war Mitglied im NS-Studentenbund ohne Einsatz, nur ein 6-wöchiger ›Landdienst‹ in Westpreussen wurde noch erwartet. (Im Krieg gab es den Pflicht-Kriegsdienst für alle jüngeren Frauen, ich entging ihm durch meine erste Schwangerschaft.)

Nun also erste Kunsthochschule in Hamburg, damals ›Landeskunstschule‹ am Lerchenfeld. Die Professoren Paul Helms und Rudolf Neugebauer waren in Hamburg auch als Künstler bekannt. Als ich mich mit meiner Mappe voller Märchenbilder zur Aufnahmeprüfung vorstellte, staunten sie und nahmen mich sofort ohne Prüfung auf. Denn damals waren diese fein gezeichneten, unwirklichen Bildchen sehr beliebt, vielleicht als Gegengewicht zur politischen Welt. Aber vom Akademie-Alltag war ich schnell enttäuscht.

Das Abzeichnen von Pflanzen, Töpfen, Geschirr interessierte mich so wenig wie das Entwerfen eines Faltblattes *Sonne, See und Strand*.[2]

Freilich, ich war nur in der ersten Grafik-Klasse. Erst abends zu Hause bei der Großmutter saß ich unermüdlich an meinen freien Märchenbildern, mit Wasserfarbe kolorierte Bleistiftzeichnungen. Und wenn das Wetter im Frühling schön war, machte ich meine unvergesslich herrlichen Radtouren durch die Elbmarschen bis zur Nordsee, in Jugendherbergen übernachtend, aus dem Rucksack lebend, frei und allein wie ein Zugvogel, manchmal eine ganze Woche. Es lebten Verwandte auf den großen Marschhöfen, die besuchte ich kurz und flog dann weiter. Das war Heimat, es begleitete mich bis heute. Der Professor ließ mich kommen, rügte mein häufiges Fernbleiben vom Unterricht, aber ich lernte in der Natur mehr fürs Leben als in den Akademieräumen.

Nun trat auch die erste große Liebe in mein Dasein: Ein Holsteiner und Dichter (und Sportlehrer mit einem schweren Motorrad!) – eine Erfahrung, die mich auch lebenslang begleitet hat. Zum Glück blieb es bei der Romanze, denn der Mann wurde Soldat und blieb seit Kriegsende verschollen ...

Nach 3 Semestern in Hamburg wurde beschlossen im Familienrat, dass ich eine bessere Ausbildung suchen sollte und zwar an der Akademie in München. Aber auch hier war ich nicht zufrieden. Der Professor (Adolf Schinnerer, ein Hölzelschüler, Realist) sah, dass meine vom Modell abgezeichneten Akte schwach waren und so riet er mir eines Tages: »Schauen Sie nicht mehr hin, zeichnen Sie aus dem Kopf« – denn er merkte, dass ich von Innen heraus zum Bild kam. Für meine Entwicklung war München gut: die Kollegen, Theater, Konzerte, Schwabing mit seinen Künstlerfesten, das schöne Dachauer Moos. Aber künstlerisch lernte ich nur, wenn ich sonntags allein in die Alte Pinakothek ging und mich an den alten Meistern begeisterte. Bis heute komme ich von denen her: Dürer, Cranach, Altdorfer, Bosch, auch Rembrandt und Tizian. Freilich war es gut, dass ich an Kopf und Akt die Grundlagen der Figur übte, aber nach 2 Semestern war klar, dass für mein Berufsziel München nicht der richtige Ort war. So kam nur Leipzig in Frage, die ›Buch-Akademie‹. Ich war ungern in Leipzig, die Stadt, das industrielle Umfeld, die miese Luft, die Menschen blieben mir fremd. Wenn ich Natur sehen wollte, ging ich abends an einen dunklen Kanal mit Trauerweiden, die einen melancholisch machen konnten. Zum Glück hatte ich ein helles Zimmer bei einer netten alten Dame – nicht so ein dunkles Plüschzimmer mit Ofenheizung wie in München (bei der Familie Piper, einem Bruder des Verlegers).

Und für mein Berufsziel war es sicher gut: ich wurde Meisterschülerin bei Prof. Walter Tiemann, dem bedeutenden Akademie-Direktor und ich lernte Schrift bei Rudo [Rudolf] Spemann, einem begabten Schneidler-Schüler. Leider ist dieser im 2. Weltkrieg gefallen. Meine Märchenbilder fanden auch hier Anerkennung, ich zeichnete in dieser Art weiter in meinem eigenen Atelier in der Akademie unter Prof. Tiemanns Kritik. Er und seine schöne Frau kümmerten sich auch privat um mich, luden mich zu sich in ihre Villa ein. Prof. Tiemann ist noch heute ein Begriff in Leipzig, in diesem Jahr wurde eine ›Tiemann-Stiftung‹ gegründet.

Das war also im Sommer 1939, meinem 7. und letzten Semester. Schon damals war manches merkwürdig: die Butter auf Marken, das Atelier im Winter fast ungeheizt. Aber an Krieg dachte noch niemand und als er am 2. September [sic] begann, waren wir wie so viele im Urlaub. Meine Eltern aus Stuttgart mit meiner Schwester Ingrid in Jugoslawien, ich mit meiner Großmutter auf Sylt. Die Brüder schon bald im Einsatz: Sigfrid (geb. 1917) in Ausbildung bei der Kriegsmarine, Hartwig (geb. 1918) gerade im Wehrdienst und dann mit beim Einmarsch in Polen. Alles strömte nach Hause, an Kunst war vorerst nicht zu denken. Ich meldete mich freiwillig zum Arbeitsdienst, wurde aber wegen geschwollener Ohrdrüsen nicht genommen. Der Familienrat beschloss, dass ich stattdessen als ›Helferin‹ nach Schloss Elmau gehen sollte, um mich in guter Höhenluft doch nützlich zu machen. Meine Familie war seit 1914 Johannes Müller[3] und seinen Gedanken verbunden: meine Mutter war ebenfalls als Helferin bei ihm auf Schloss Mainberg gewesen und lernte dort 1914 meinen Vater kennen. Ich war nicht sehr glücklich in der Elmau; schon dass ich außer einem Eisenbett in einem Saal voller Mädchen keinen eigenen Raum hatte – nur einen Koffer unter dem Bett –, passte nicht zu meinem Wesen. Auch wurden wir Helferinnen – alles Töchter von Gästen, ohne Gehalt – ganz stark ausgenutzt beim Zimmerputzen, Servieren bei Tisch und zum Tee und abends noch beim Tanzabend! Trotzdem blieb ich bis zum Sommer 1940 dort, auch wegen meiner fast krankhaften Angst vor dem Bombenkrieg …

Der hat aber damals noch gar nicht begonnen.

Auf der Elmau hatte ich meine erste Bilderausstellung! Auf Tischen zeigte ich meine zarten Märchenbilder und konnte auch einige verkaufen.

Ein Gast wollte sie mir alle abkaufen, aber das lehnte ich ab.

Inzwischen hatte meine Mutter 1939 ihren ersten Roman *Elredefleth* veröffentlicht, der Verleger (Dr. von Hase, Verlag v. Hase & Koehler in Berlin und Leipzig) kam nach Stuttgart, sah meine Märchenbilder und war so angetan davon, dass er mir einen Vertrag anbot: ich sollte 2 Bände mit Gedichten illustrieren, einmal ›Deutsche Gedichte‹, einmal ›Liebeslieder‹.

So kam es, dass ich von 1940–42 meinen gewünschten Beruf der Buchillustratorin ausüben konnte und durch die großzügige monatliche Zahlung des Verlags auch auf eigenen Füßen stand. Um in Ruhe – und ohne Bombenangst – arbeiten zu können, verließ ich Stuttgart und lebte längere Zeit in einer privaten Pension in Ambach am Starnberger See. Hier entstanden insgesamt 36 kolorierte Bleistiftzeichnungen, die der Verleger in Leipzig in die Panzerschränke im Brockhaus-Verlagsgebäude brachte. Dort sind sie bei einem Bombenangriff mit Feuer im Panzerschrank verkohlt. Mir blieben nur 5 meiner liebsten Bilder und die Fotos von den übrigen. Ehe ich im Sommer 1940 die Elmau verließ, hatte mich mein Schicksal ereilt: ich lernte meinen künftigen Mann kennen, einen Schwaben (wie mein Vater). 1942 heirateten wir und damit war die Kunst für 15 Jahre ›auf Eis gelegt‹.

Von moderner Kunst hatte ich bis zu meinem 40. Lebensjahr keine Ahnung. Wir wurden ja auch in Nazi-Deutschland bewusst davon ferngehalten. In München hatte ich 1937 die Ausstellung *Entartete Kunst* gesehen, aber die ›Kunst‹ im neuen ›Haus der deutschen Kunst‹ gefiel mir besser. Damals waren Böcklin und Hans von Mareés meine Favoriten.

In Reutlingen war für mich alles neu und fremd. Bis 1942 hatte ich in Großstädten gelebt, hier in Reutlingen lernte ich das ganz Persönliche einer Kleinstadt kennen, die Verflechtungen der Schichten von großen Fabrikantenfamilien mit allgemein bekannten Handwerkern und Ladenbesitzern. Mein Mann und meine Schwiegermutter führten mich unermüdlich in diese neue Welt ein – dazuhin in meine Pflichten als ›gute schwäbische Hausfrau‹. Unser Lebensstandard war für Kriegsverhältnisse ziemlich hoch, aber für mich ungewohnt anstrengend. Wir bekamen 1943 einen Sohn, 1946 eine Tochter und 1949 noch einen Sohn, der leider bald wieder starb. Da ich mich auf allen Gebieten als Frau und Mutter über meine Kraft einsetzte, da außerdem der Krieg zunehmend in unser aller Leben zerstörerisch eingriff, ist es kein Wunder, dass ich nach 14-jähriger Ehe (mit 40 Jahren) vollkommen zusammenbrach.

Meine starke Mutter war gestorben, als ich 30 war – sie überlebte den Tod ihres älteren Sohnes beim Untergang vom Schlachtschiff Bismarck nur um 5 Jahre. Ihr Beistand fehlte mir sehr, als künstlerisch begabte Frauen hatten wir uns immer verstanden.

Es dauerte 7 Jahre, bis ich aus dem totalen Erschöpfungszustand wieder ins Leben kam. Eine kluge Ärztin hatte bei psychologischer Betreuung erfahren: man kann diese Frau nicht nur Hausfrau sein lassen, sie muss wieder Kunst machen!

Und – o Wunder – ein kleines Buch mit Aquarellen von Emil Nolde öffnete mir die Augen für die moderne Kunst. Es war, wie wenn ein Blinder sehend wird, so ging es mir auf: das Eigenleben der Farbe, die Freiheit der Form. Ich stand vom Bett auf und versuchte mich mit kleinen Blättern an leuchtenden Wasserfarben.

Bald wurden die Farben deckender, die Formate größer – es waren keine Aquarelle, sondern Bilder von Blüten, Landschaften, auch Figuren. Ich merkte, Wasserfarben genügen mir nicht, ich muss in die Ölmalerei gehen.

Aus Büchern (der gute alte ›Dörner‹[4]) und vom Anschauen in Kalendern, später auch in Ausstellungen, erlernte ich als Autodidaktin ab 1960 das Ölmalen. Von der Technik ›Öl auf Hartfaser‹ bin ich in über 40 Jahren nicht mehr abgegangen. Schon Anfang der 50er Jahre waren mein Mann und ich in die wiederbegründete Hans-Thoma-Gesellschaft[5] eingetreten – mein Wunsch, am Kunstleben teilzunehmen, war nie erloschen. Der Neugründer und erste Vorsitzende nach dem Krieg war Alfred

Hagenlocher. Ende der 60er Jahre, als ich eine Anzahl Ölbilder, vorwiegend Porträts vorweisen konnte, lud ich Herrn Hagenlocher zu einer Besichtigung und Kritik zu mir ein. Er kam, schaute schweigend, dann sagte er vor sich hin: »Das gibt es hier und ich habe es nicht gewusst.« Und er bot mir an, in den Räumen der Hans-Thoma-Gesellschaft im Alten Rathaus eine Ausstellung meiner Ölbilder zu machen. Diese Aufregung! Im Sommer 1970 fand also meine erste größere Einzelausstellung in Reutlingen statt. Nach ersten Versuchen im Stil der Großen hatte ich nun meinen eigenen Stil gefunden. Vor allem: weg von den zarten Märchenbildern, hin zu einer kraftvollen, auch herben Malerei. Kubistische Strenge steckte meist hinter den Formen, die Farben wurden zunehmend wärmer, lebensvoller. Meine Mentoren waren vor allem Karl Hofer und Max Beckmann, dieser ist es bis heute geblieben. Ich traute mich nun an viele Sujets heran: Landschaften, Blumen, Stilleben, Kopf-Porträt, Akt meist als weiblicher Halbakt, freie Figurenbilder. Nur Tiere habe ich kaum gemalt.

Verkauft habe ich nicht viel, an einzelne Liebhaber allerdings mehrere Bilder. Den meisten waren meine Arbeiten zu ernst, zu schwer, auch zu melancholisch. Nun ja, ich bin ein ›Mollmensch‹, meine Stellung auf dieser Erde ist eher die eines ›Heimatvertriebenen‹. Dies auch wörtlich, denn ich sehnte mich lebenslang aus dem Süden in meine norddeutsche Heimat zurück – Hamburg, die Elbmarschen, vor allem die Nordsee. Deshalb die vielen See- und Strandbilder. Hätte ich sie so gemalt, wenn ich dort gelebt hätte? Wohl kaum, denn die Kraft kommt ja aus dem Mangel, dem Verlust.

An Kursen habe ich nicht teilgenommen.

Ende der 60er Jahre kam eine Zeitlang Prof. Gerhard Grimm zu mir, um mir Kritik zu geben; er war Dozent an der hiesigen Pädagogischen Hochschule, selbst vor allem Zeichner und Holzschneider. Bis dahin hatte ich die Farbflächen meist flach ›angemalt‹. Herr Grimm nahm eines Tages den Pinsel und ließ ihn tanzen, nahm verschiedene Töne für die gleiche Farbe; kurz, er zeigte mir, wie man ›malerisch‹ malt. Das war ein entscheidendes Erlebnis für mich, ich wusste nun, was Malerei ist.

In den 70er Jahren wurde ich aufgefordert, in das hiesige ›Maler-Kollegium‹ einzutreten, eine Vereinigung von damals 12 Malerinnen, Malern und Grafikern sowie einem Bildhauer. Man traf sich jeden Monat in einem der Häuser, vor allem zur Beurteilung der neuen Arbeiten, aber auch zum freundschaftlichen Zusammensein und Essen. Das Ziel war, gemeinschaftliche Ausstellungen zu organisieren – auf diese Weise kam ich aus meiner Isolation heraus und auch zur Beteiligung an Ausstellungen im In- und Ausland. Unser Vorsitzender war Georg Böhler, bekannt als Lehrer am [Friedrich-]List-Gymnasium und als Dozent für Aquarell-Malerei an der Volkshochschule. Ein Teil der Mitglieder war Schüler bei ihm gewesen. Künstlerisch konnte mir das Kollegium wenig geben, aber menschlich bin ich ihm und seinem rührigen Vorsitzenden bis heute dankbar.

Ich lebte damals sehr zurückgezogen, kein Wunder, dass man meine Bilder ›einsam‹ nannte. Meine Kinder waren in ihren eigenen Lebenskreisen, fortgezogen und mein Mann versank zunehmend in seine depressiven Phasen. So tat es mir wohl, unter anteilnehmende Menschen zu kommen. Dies verstärkte sich noch, als ich bald darauf auch in die hiesige GEDOK[6] eintrat, der ich heute noch angehöre. Auch mit der GEDOK bekam ich Anschluss an Ausstellungen. Die größte verschaffte mir unsere damalige Vorsitzende Lisa Krieser: eine Einzelausstellung 1979 im GEDOK-Haus in Stuttgart (Hölderlinstr. 17, nahe bei meinem einstigen Mädchengymnasium). Ich zeigte 35 Bilder, bekam eine gute Presse, aber keinen Verkauf. Eine große Einzelausstellung bekam ich ebenfalls durch die GEDOK: zum 85. Geburtstag durfte ich 40 Bilder im Spitalhof in Reutlingen zeigen.

Insgesamt habe ich mir 70 Ausstellungen notiert, an denen ich beteiligt war, leider nie in meinem geliebten Norden ...

Meine größten Einzelausstellungen hat mir Reutlingen ausgerichtet, 1985 zum 70. Geburtstag, in der Eingangshalle des Rathauses, eine Retrospektive. Und die hiesige Kreissparkasse 3x, am größten 1996 zum 80. Geburtstag mit 60 Bildern. Damals hielt meine Nichte aus Lübeck, Gude Lafrenz, die Einführungsrede, voller Erfolg!

Zum Schluss noch: Ein Atelier habe ich nie gehabt, in den ersten Jahren nicht mal einen Raum. Ich malte am Esstisch, im Zimmer meiner Tochter (bis sie 1969 auszog) und musste ja beides räumen, wenn es gebraucht wurde. Oft kam meine Tochter von ihrer Lehre in der Buchhandlung heim und kümmerte sich schnell um das aufgesetzte Essen, immer in Sorge, ich hätte möglicherweise den Pinsel mit dem Kochlöffel verwechselt. Denn in dieser Zeit malte ich wie besessen.

Als meine Tochter geheiratet hatte und ausgezogen war (1969), bekam ich das einstige Kinderzimmer als Malzimmer, hier habe ich bis zum Schluss an einem Tisch stehend gemalt. An der Staffelei konnte ich nicht malen, weil ich eine lädierte Halswirbelsäule hatte und die Arme nicht hochhalten konnte. Ein dickes Buch ließ die Platte auf dem Tisch schräg stehen, oft musste ich mich bei größeren Formaten weit überlehnen. Am Beginn der Ölmalerei habe ich meist mit Spachtel gearbeitet, aber nicht dick aufgetragen, sondern den Spachtel gezogen wie einen Pinsel. Der Grund war, dass ich gerne größere Bilder malen wollte und mit breitem Pinsel noch nicht zurechtkam. Später habe ich nie mehr gespachtelt. Von Anfang an habe ich schnell gemalt, im Bestreben, das Bild im Kopf schnell loszuwerden, zu realisieren. Ich habe am nächsten Nachmittag weitergemacht, auch verbessert (nie vormittags!). Nur Menschenbilder dauerten manchmal bis zu einer Woche. Meine technischen Vorbereitungen verliefen so: eine dünne Hartfaserplatte wurde von einem Schreiner (Herr Anton Wieder, früher Bastlerzentrale in RT[7]) nach meinen Maßen zugeschnitten und geschliffen. Denn ich hatte gelesen, dass die blanke Paraffinschicht weggeschliffen werden muss. Der Staub wurde hinten und vorne abgewischt, dann wurde die erste Schicht Halbkreidegrund mit einem Lappen aufgetragen. Um das starke Saugen zu verhindern, kam eine Schicht Capaplex (eine Art Lack) darüber. Dann immer eine Farbe, meist dunkel, Preussischblau, auch Schwarz oder dunkles Rot. Diese musste ja durchtrocknen. Aus Ungeduld habe ich oft alte Bilder, die mir nicht mehr lieb waren, neu übermalt, egal, was vorher drauf war, Farben und Struktur störten mich nicht, im Gegenteil: Struktur macht lebendig, Farbe darf oft mitwirken. Ich habe meine Bilder immer gefirnisst, weil ich ›eingeschlagene‹ matte Stellen nicht leiden kann. Beim Firnissen kommen die Farben in der ursprünglichen warmen Frische wieder raus. Zunächst kann man ›Retouchierfirnis‹ nehmen, nach einem Jahr Durchtrocknungszeit den endgültigen ›Schlussfirnis‹. Meine Rahmen hat auch der Schreiner gemacht, alle in gleicher Stärke. Bis auf die letzten Jahre habe ich sie immer selber gestrichen, alle in Weiß.

Jeder andere Ton frisst mir Farbe. Bilder sind Fenster in eine andere Welt, Fensterrahmen müssen weiß sein. Auch auf meinen Bildern verwende ich häufig weiß, weil es alle anderen Farben hebt – wie eine weiße Blüte in einem bunten Strauß.

So viel zur Technik. Nicht erwähnt habe ich bisher meine übrigen künstlerischen Arbeiten. In den 70er Jahren habe ich Linolschnitte gemacht, sehr gerne, aber wegen der Schmerzen in Armen und Hals wieder aufgegeben. Mit Vergnügen, aber deshalb schlechtem Gewissen habe ich Monotypien gemacht.

Es ist eine raffinierte Zufallskunst, kann sehr reizvolle Ergebnisse zeigen, aber eben das Zufällige, Unverantwortete macht mir Bedenken. Nicht ganz so zufällig, dafür aber oft an der Grenze zu Dekoration und Kunstgewerbe sind die Collagen, die mir auch Spaß gemacht haben. Sie werden heute höher geschätzt als Ölbilder, typisch für unsere oberflächliche Zeit. Ich machte sie zum Zeitvertreib, man kann nicht immer große Kunst machen. (Ob mir dies je gelungen ist, weiß ich ja nicht.)

Röntgenfotos mit Ölfarbe zu Frauengesichtern übermalt, sind meine Erfindung. Außer dieser habe ich nie ›gags‹ gemacht, auch Surrealismus wollte ich nicht. Herr Hagenlocher nannte meine Richtung ›Magischer Realismus‹, das ist mir recht.

Nun noch zu meinen Druckerzeugnissen. 1985, zum 70. Geburtstag und zur Retrospektive erschien eine Broschüre mit der Einführungsrede von Prof. Gerhard Grimm, einem eigenen Beitrag und 12 teils farbigen Abbildungen. 1995 dann der größere Katalog (zu dem ich damals einen Zuschuss zu den Kosten vom Ministerium in Stuttgart bekam: 6000,- DM zu meinen 10 000,- DM dazu). Der Katalog enthält 18 farbige Abbildungen, Texte aus verschiedenen Veröffentlichungen und eigene Gedanken. Zur letzten größeren Ausstellung 2000 ließ ich noch einen 8-seitigen Prospekt drucken. Diese beiden letzten Erzeugnisse hat mir Hermann Pfeiffer gemacht.

Ebenfalls Hermann Pfeiffer hat zusammen mit seiner Frau im Jahr 2001 in mühevoller Arbeit (und mit meinem Einsatz bis an die Grenze meiner Kraft) ein Werkverzeichnis erstellt. Dieses Werkverzeichnis existiert nur in 3 Exemplaren (am Computer gedruckt), 2 Exemplare habe ich, eins Herr Pfeiffer. Es enthält auf 137 Seiten alle meine ›Werke‹ von den Jugendbildern an bis zum Jahr 2001. Die letzten Bilder bis Februar 2002 werde ich noch nachtragen, denn seitdem male ich ja kaum mehr (wegen Osteoporose ~~mit Bettliegen~~). Herr Pfeiffer hat das trockene Verzeichnis freundlicherweise verschönert mit eigenen Fotos von jeder Werkgruppe. Es sind übrigens etwas über 800 Ölbilder, insgesamt 1200 Arbeiten.

Fazit

»Die Kunst ist ein Zwischenreich zwischen dem profanen Leben und dem Göttlichen«

Las ich mal. Für mich sind seit der Jugend diese Stufen wichtig: Natur, Kunst, Gott.

Natur und Kunst sind mir genommen, Gott bleibt immer da. Ich spreche immer mit ihm,

beziehe alles auf ihn, auch das Schlimme, Rätselhafte. Von ihm komme ich, zu ihm gehe ich …[8]

1 Das Manuskript *Mein Weg in die Malerei* von Gude Schaal stammt aus dem Jahr 2002 und ist im Nachlass Gude Schaal, Reutlingen hinterlegt. Zudem finden sich dort auch zwei Typoskripte mit handschriftlichen Korrekturen. Hier abgedruckt liegt die zweite Fassung vor. Die handschriftlichen Ergänzungen und Abweichungen in der Rechtschreibung wurden übernommen. Letzteres gilt auch für die übrigen im Katalog zitierten Textstellen aus Schriften Gude Schaals. Für eine bessere Lesbarkeit wurden geringfügige Anpassungen vorgenommen: Dies betrifft überflüssige Leerzeichen, das Ersetzen von doppelten Anführungszeichen durch einfache Anführungszeichen bei Hervorhebungen oder Umgangssprache sowie Vereinheitlichungen und Korrekturen. Ebenso wurden zur Nach- und Überprüfung auch das handschriftliche Manuskript miteinbezogen und etwaige Anpassungen eingefügt. Anna Katharina Thaler, Kunstmuseum Reutlingen, 2024.

2 Vgl. hierzu im vorliegenden Katalog den Beitrag von Anna Katharina Thaler, S. 51 und Abb. S. 22.

3 Der evangelische Theologe Johannes Müller (1864–1949) gründete 1903 auf Schloss Mainberg bei Schweinfurt eine Wirkungsstätte, die auf Vorträgen und Seminaren basierte. 1916 zog er nach Schloss Elmau bei Garmisch um, das als Freistätte persönlichen Lebens wie zuvor Religion und Kultur mit dem Ziel verband, Standes- und Klassengrenzen zu überwinden. Während der Zeit des Nationalsozialismus schloss sich Müller dem Gedankengut von Adolf Hitler an. Wegen seiner Hitler verherrlichenden Schriften wurde er 1946 als Kriegsverbrecher verurteilt; vgl. den Eintrag zu Müller in: https://de.wikipedia.org/wiki/Johannes_M%C3%BCller_(Theologe,_1864) [5.6.2024].

4 Max Doerner hat 1921 erstmals das Standardwerk *Malmaterial und seine Verwendung im Bild* im Verlag für praktische Kunstwissenschaft herausgegeben, das nach zahlreichen Neuauflagen noch heute erhältlich ist.

5 Die Hans-Thoma Gesellschaft erhielt im Jahr 2000 die erweiterte Bezeichnung Kunstverein Reutlingen. Als Kunstverein Reutlingen wurde dieser 2006 als Verein eingetragen.

6 Der heutige Verband der Gemeinschaften der Künstlerinnen und Kunstfördernden e. V. (GEDOK) wurde 1926 in Hamburg mit dem Ziel gegründet, das gattungsübergreifende künstlerische Wirken von Frauen zu fördern.

7 Abkürzung für Reutlingen.

8 Die Formatierungen des Typoskripts wurde für den gesamten Text übernommen.

1929 – 1942

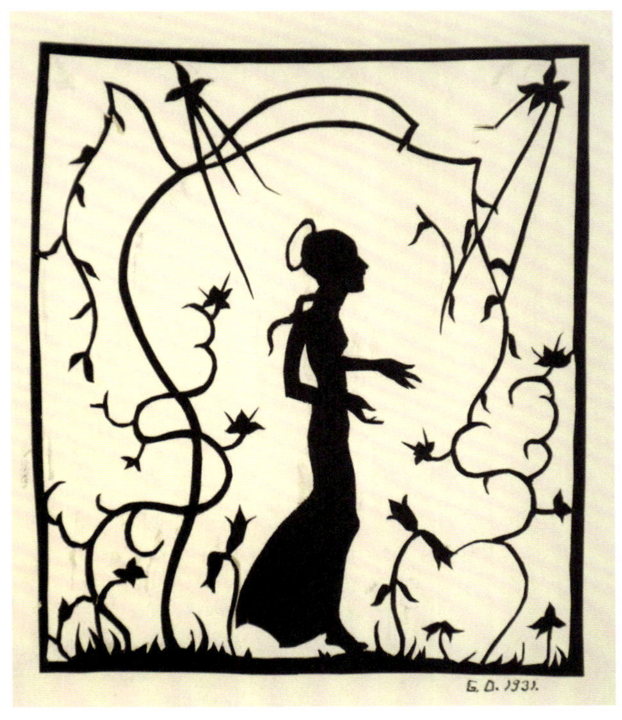

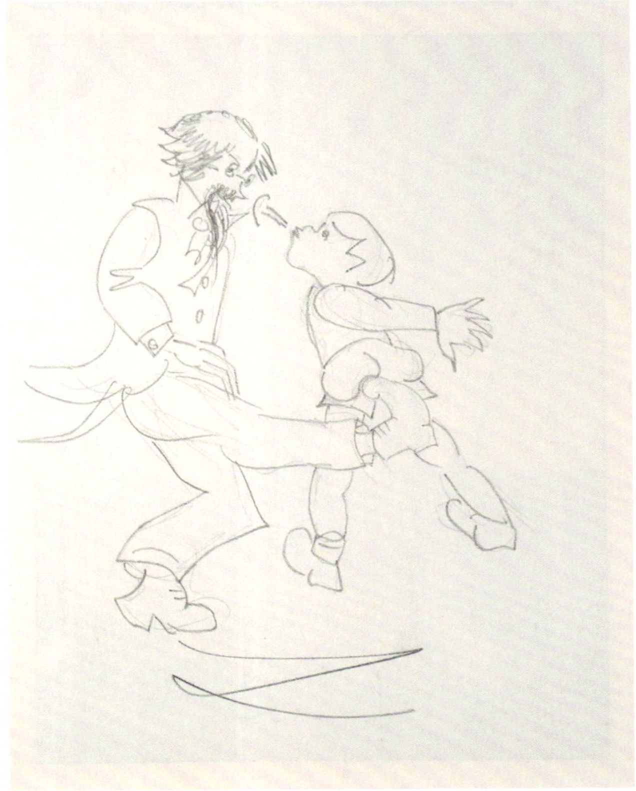

MARIA DURCH EIN DORNWALD GING 1932 SCHERENSCHNITT

OHNE TITEL 1929 BLEISTIFT

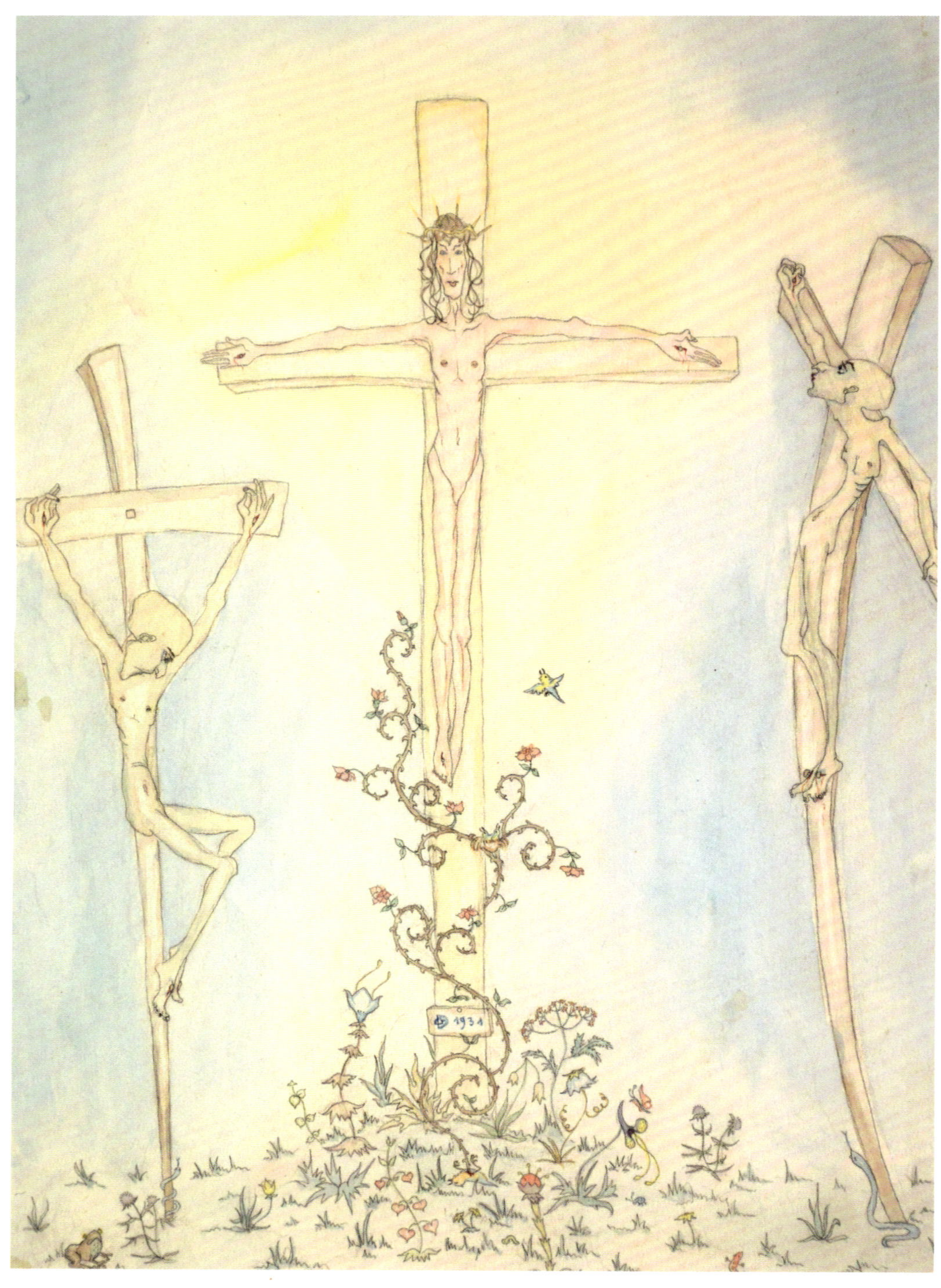

 KREUZIGUNG UND AUFERSTEHUNG 9.4.1931 AQUARELL UND BLEISTIFT

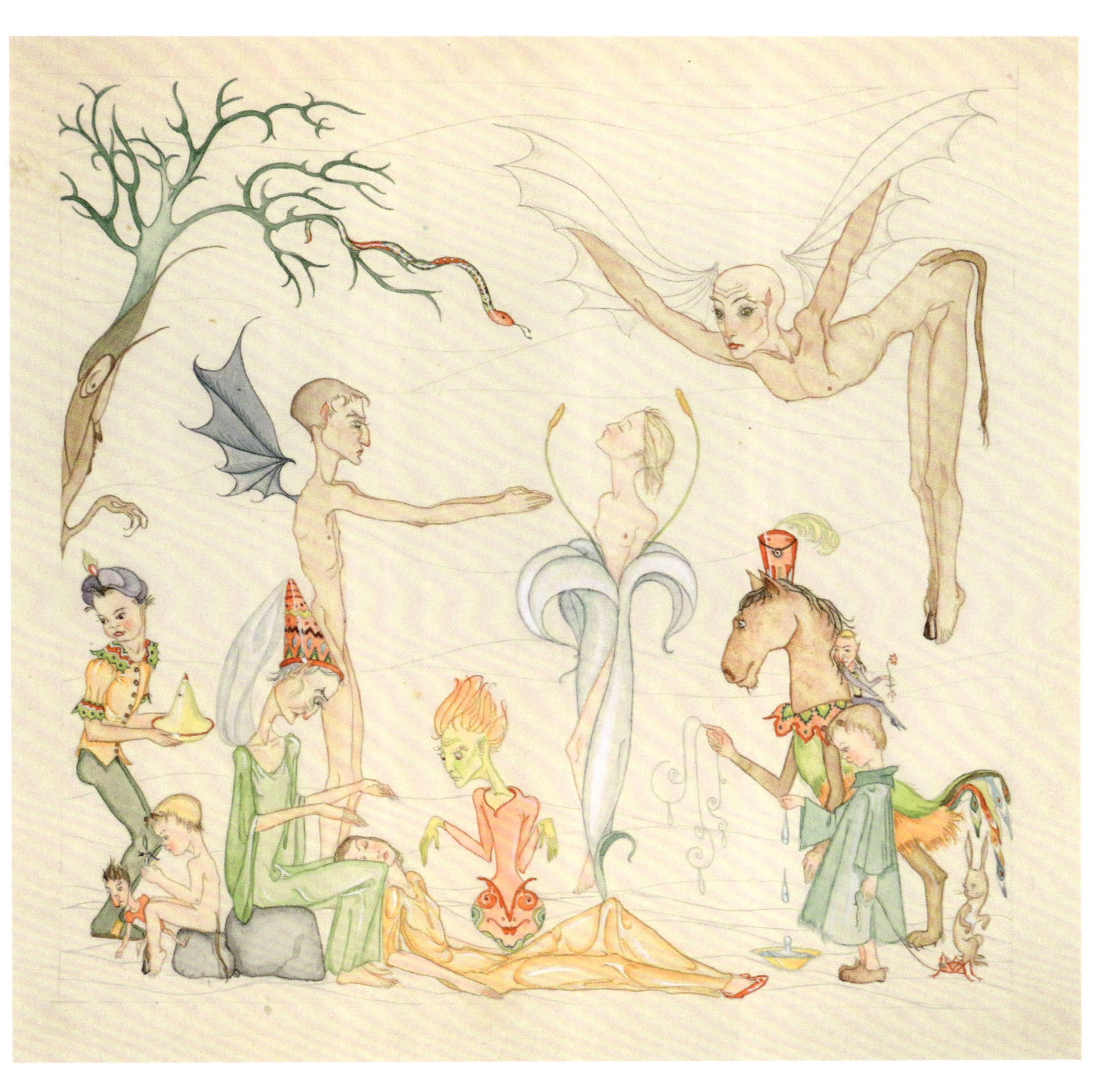

MÄRCHEN **NOVEMBER 1935** AQUARELL UND BLEISTIFT

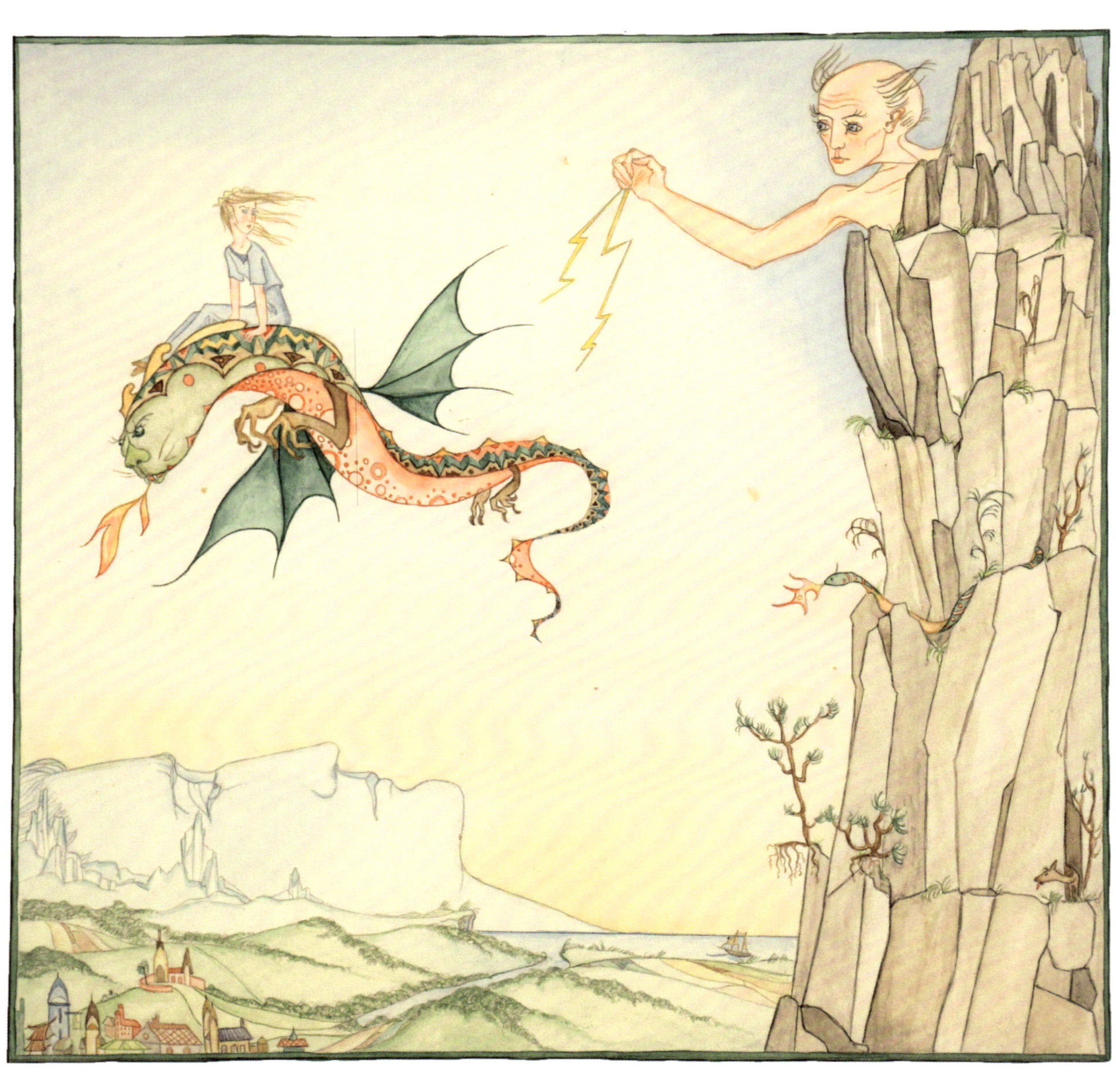

 ENTFÜHRUNG NOVEMBER 1935 AQUARELL UND BLEISTIFT

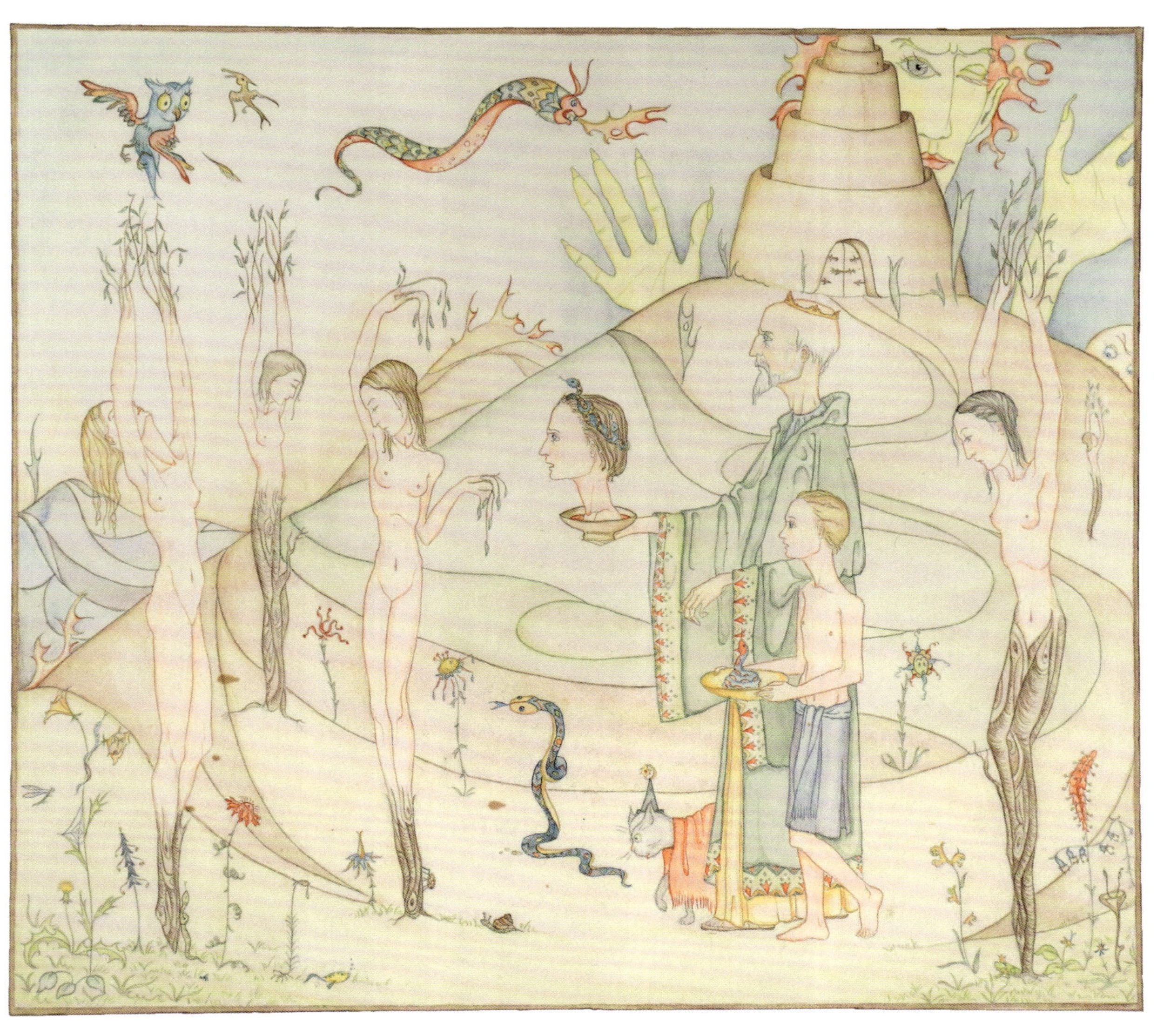

SCHLANGENZAUBER 1935 AQUARELL

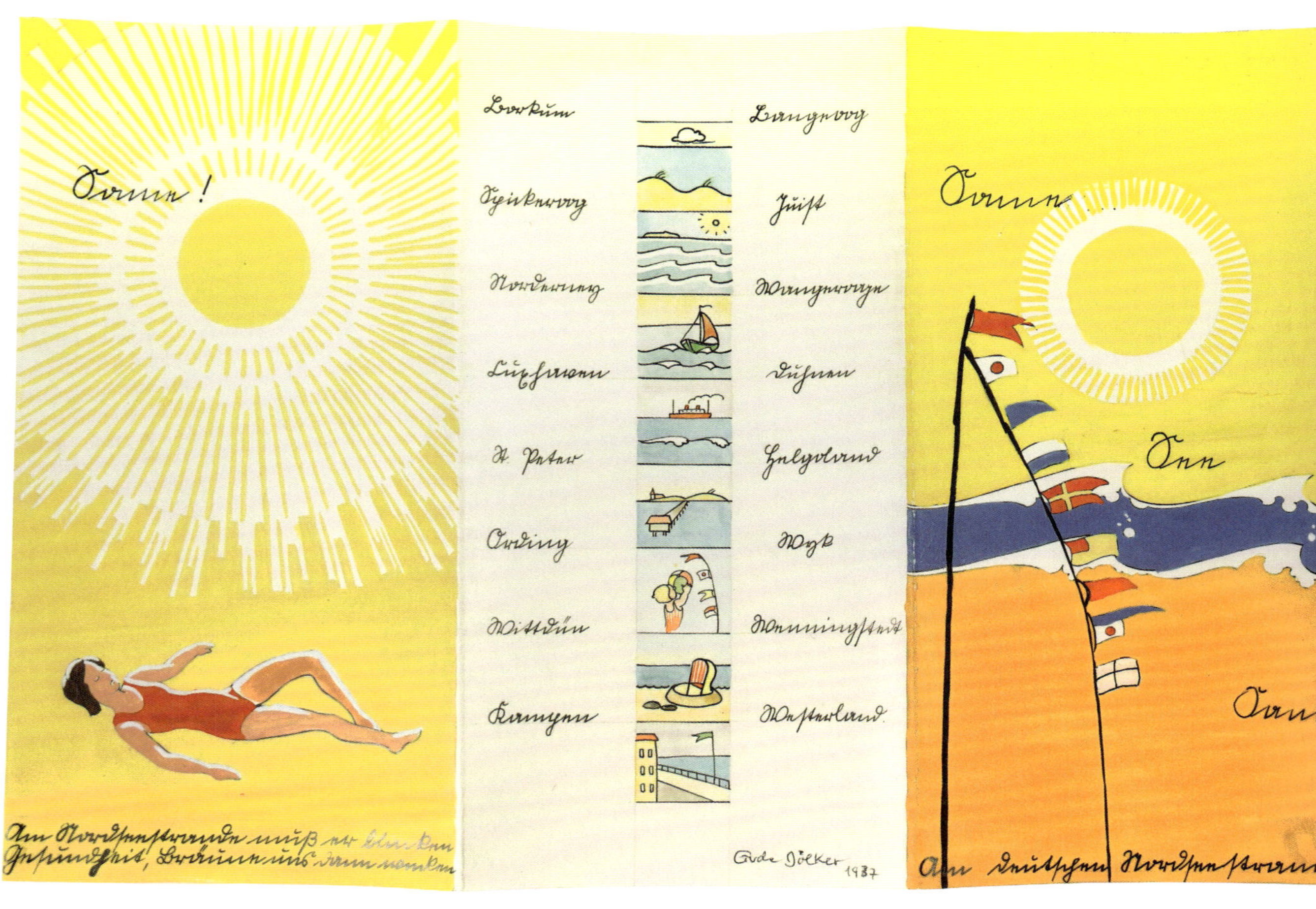

SONNE, SEE UND STRAND 1937 FEDER UND GOUACHE

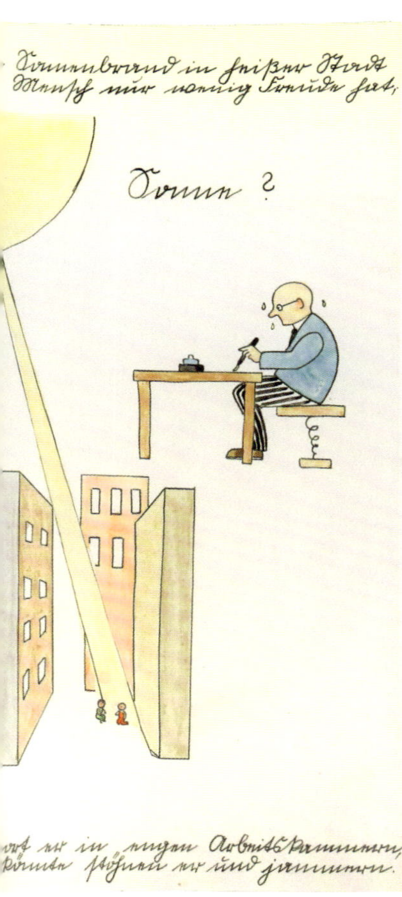
Sonne?

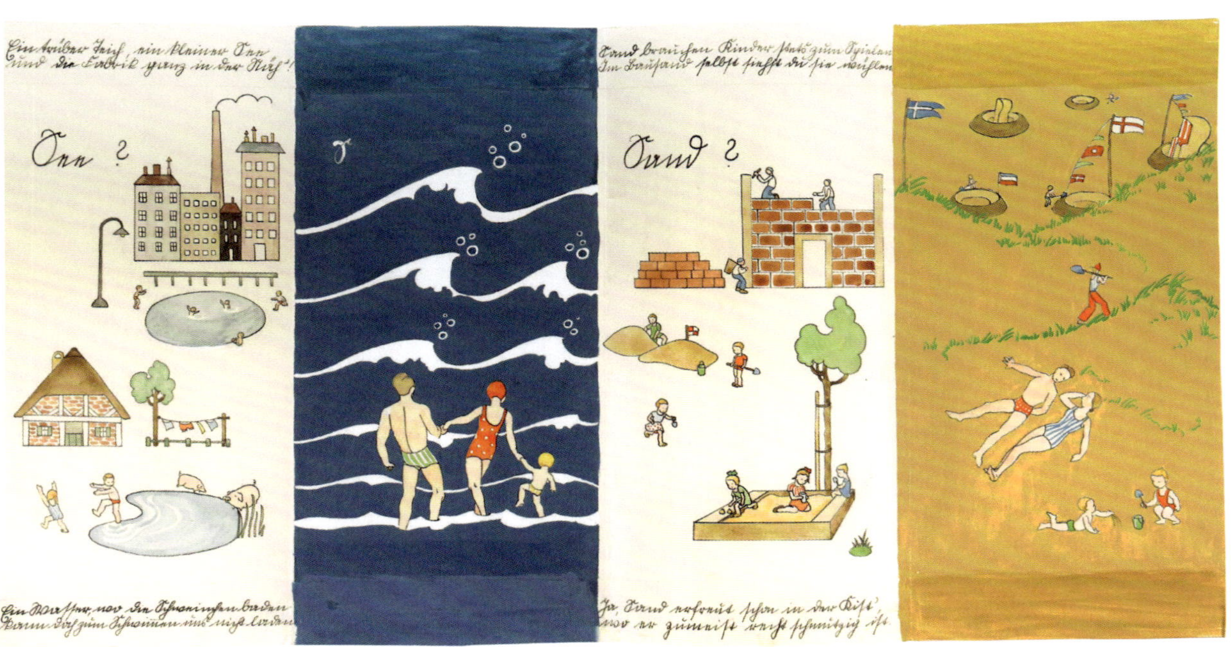
See?
Sand?

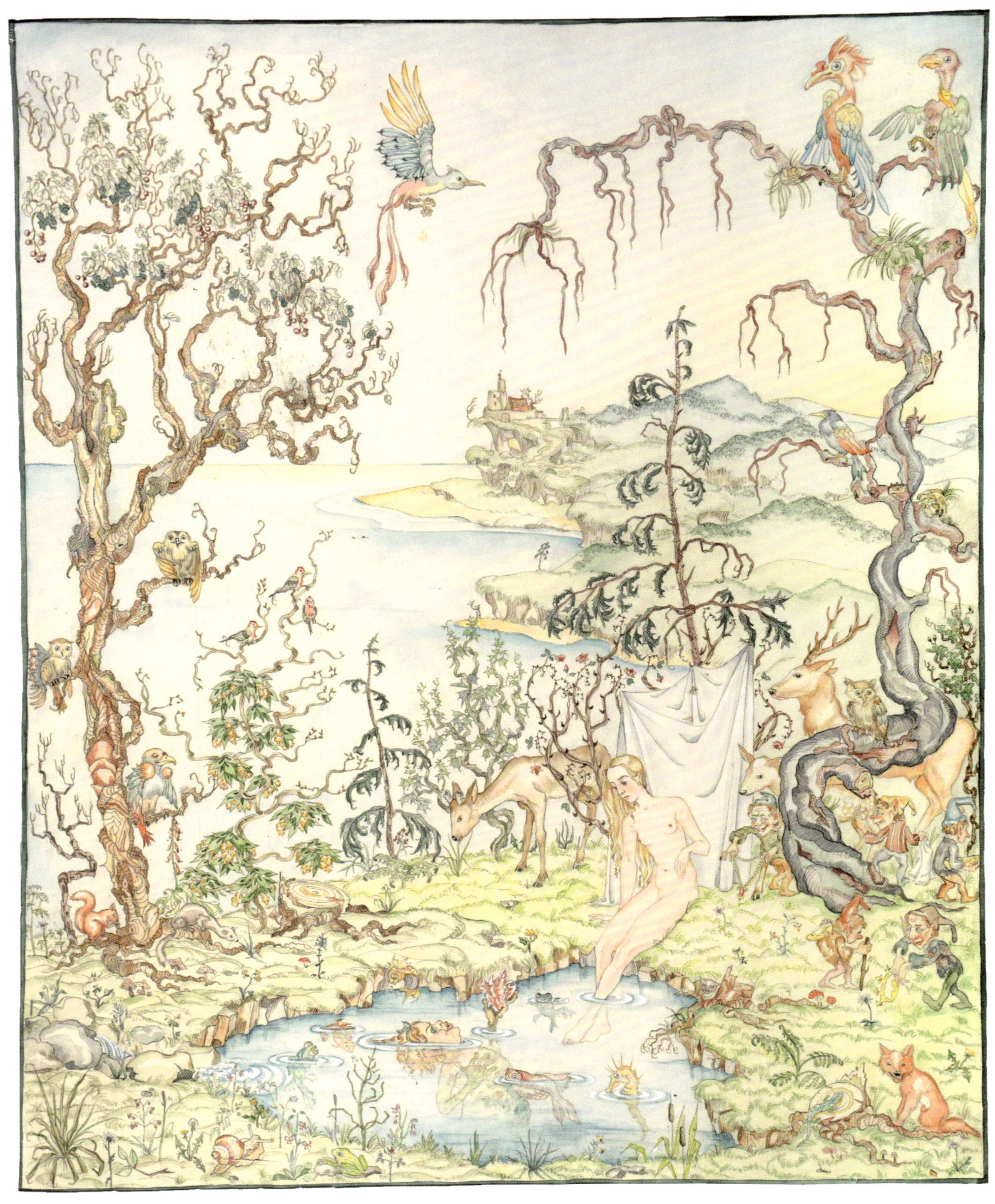

 DER WASSERMANN JANUAR 1937 AQUARELL UND BLEISTIFT

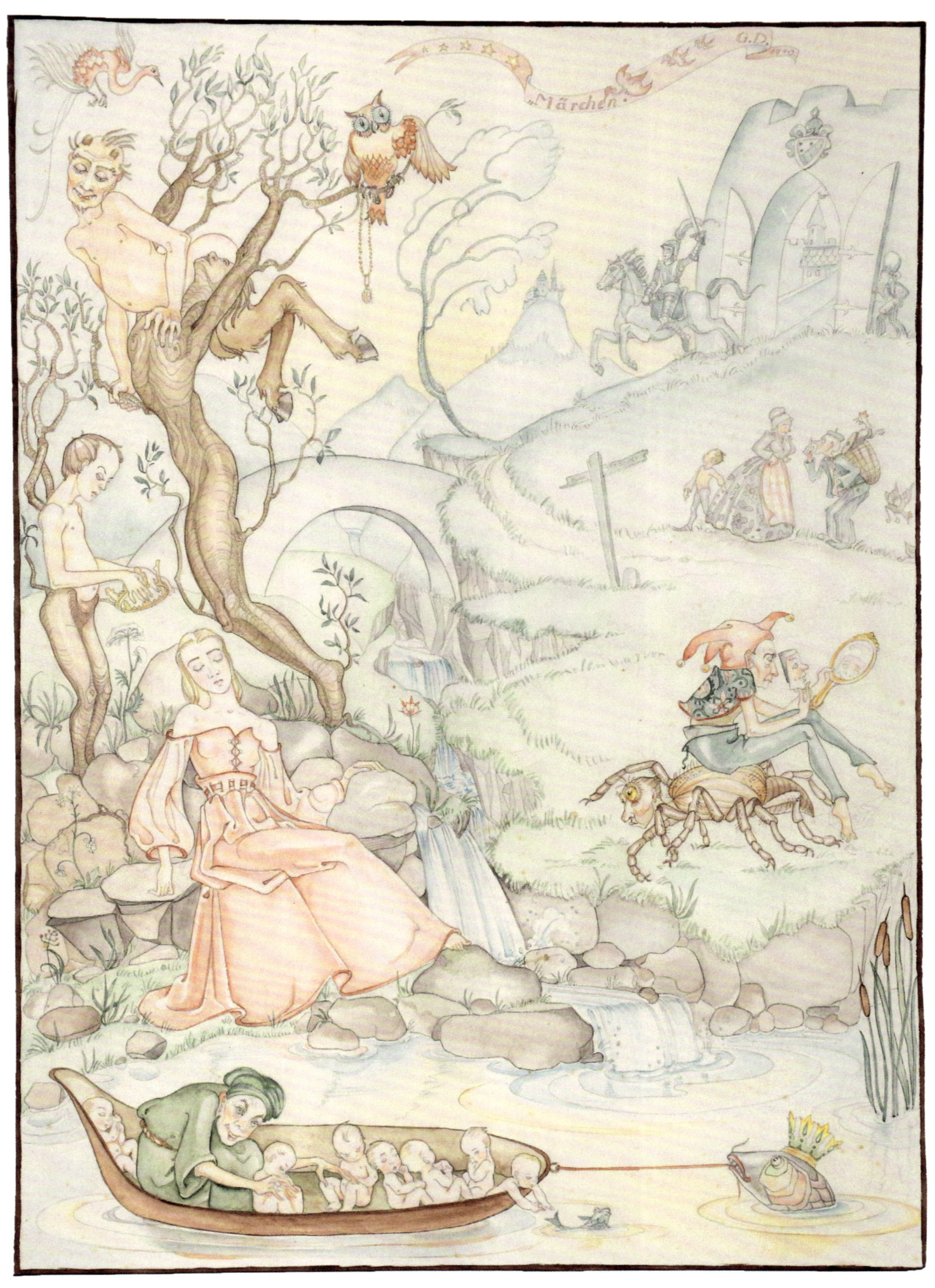

MÄRCHEN 1940 AQUARELL UND BLEISTIFT

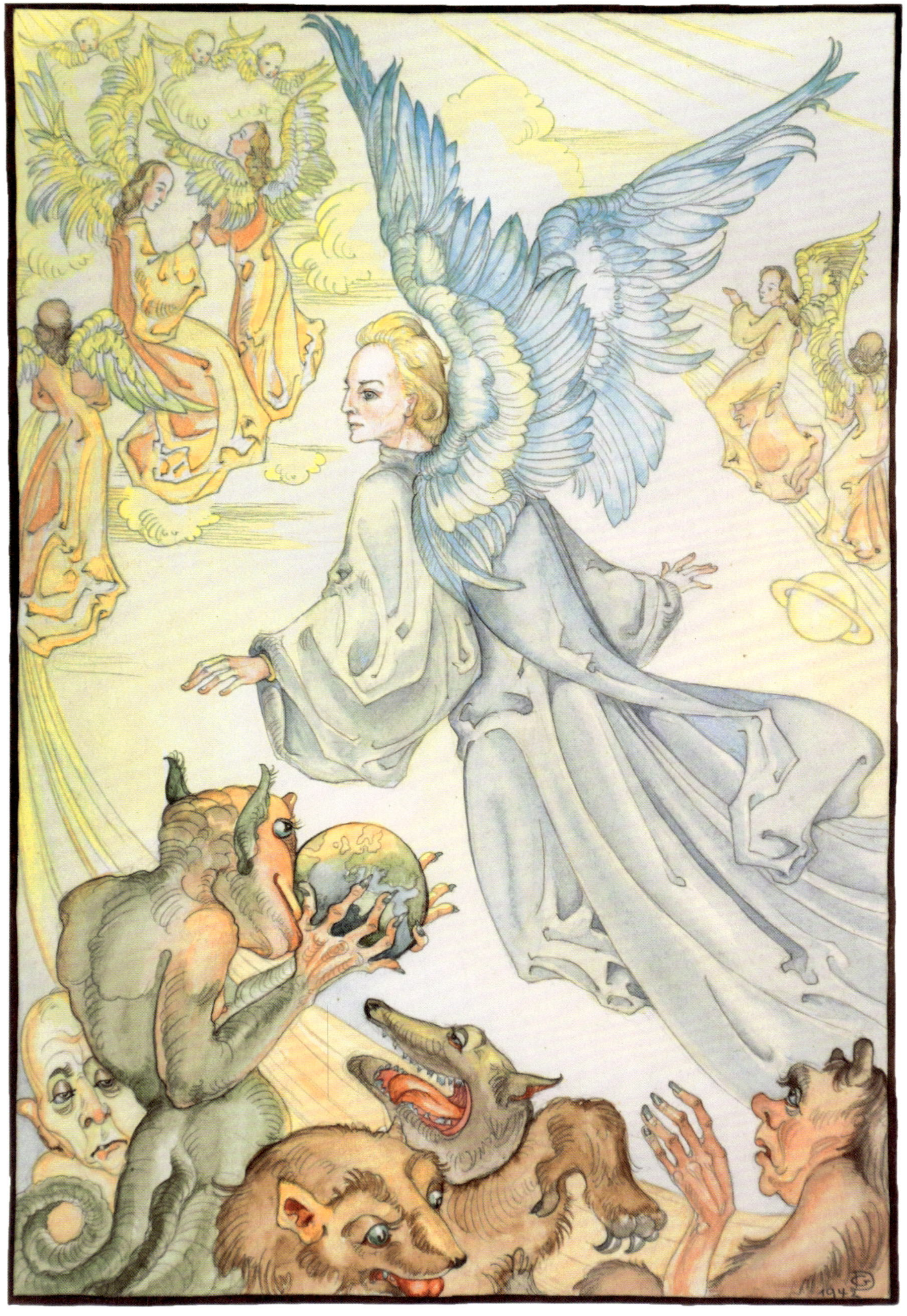

 JA. ALS DER HERR MIT MÄCHT'GER SCHWINGE, C. F. MEYER 1942 AQUARELL UND BLEISTIFT

Ja.

Als der Herr mit mächt'ger Schwinge
durch die neue Schöpfung fuhr,
folgten in gedrängtem Ringe
Geister seiner Flammenspur.

Seine schönsten Engel wallten
ihm zu Häupten selig leis,
riesenhafte Nachtgestalten
schlossen unterhalb den Kreis.

„Eh ich euren Reigen löse",
„sprach der Allgewalt'ge nun,
„sphwöret, Gute, schwöret, Böse,
meinen Willen nur zu tun!"

Freudig jubelten die Lichten:
„Dir zu dienen sind wir da!"
Die zerstören, die vernichten,
die Dämonen, knirschten: „Ja".

Conrad Ferdinand Meyer.

Gude Schaals Erinnerungsbilder: Melancholie trifft Ironie

Julia Berghoff

»Kunsthervorbringung ist kein ›Hobby‹, das Spaß macht, sondern eine schwere Gabe und Aufgabe.«[1] Was die Bilder von Gude Schaal trotz ihrer vielfältigen Themen gemeinsam haben, wird an diesem Zitat von 1970 bereits spürbar. Ob Landschaft, Porträt, Stillleben, Interieur oder Genreszenen – sie alle verbindet eine unterschwellige Melancholie, die das Schaffen von Schaal sowohl ästhetisch als auch inhaltlich begleitete. Fast 70 Jahre lebte die gebürtige Hamburgerin in Reutlingen und prägte das kulturelle Leben in mehr als 60 Einzel- und Gruppenausstellungen.[2]

Obwohl Schaal für ihren expressiven Umgang mit Farbe bekannt ist, absolvierte sie ihr Kunststudium in Hamburg, München und Leipzig als Meisterschülerin des Buchkünstlers und Illustrators Walter Tiemann (1876–1951).[3] Grundsätzlich war die Literatur ein früher und beständiger Teil Schaals künstlerischen Lebens, denn nach ihrem Studium begann sie zunächst für zwei Jahre als Illustratorin von Märchenbüchern zu arbeiten. Wie ihre Mutter, die selbst Schriftstellerin war, sei auch Gude schon immer eine Erzählerin gewesen – und das in Wort und Bild. 1942 heiratete sie schließlich ein Reutlinger Urgestein, den Textilkaufmann Eugen Schaal, und siedelte in den schwäbischen Süden über. Erst in den 1950er-Jahren knüpfte sie erneut an ihre künstlerische Arbeit an und begann 1960, fast vollkommen autodidaktisch, mit Ölfarbe zu arbeiten. Bis zu ihrem Tod im Dezember 2011 entstanden so über 1500 Werke auf Leinwand, Hartfaser und Papier. Das Dargestellte ist hier aber nicht primäres Anliegen, vielmehr suchte sie »Anlässe für Farben« , wie die Künstlerin es selbst einmal formulierte. Dabei malte sie nie direkt von der Natur, sondern schuf ihre Werke nach Skizzen aus der Erinnerung.

Eigentlich in der Illustration beheimatet, wurden Farbe und Pinselduktus so zu wesentlichen Stimmungsträgern, worin Schaal wiederum instinktiv an die Traditionen expressionistischer Malerei

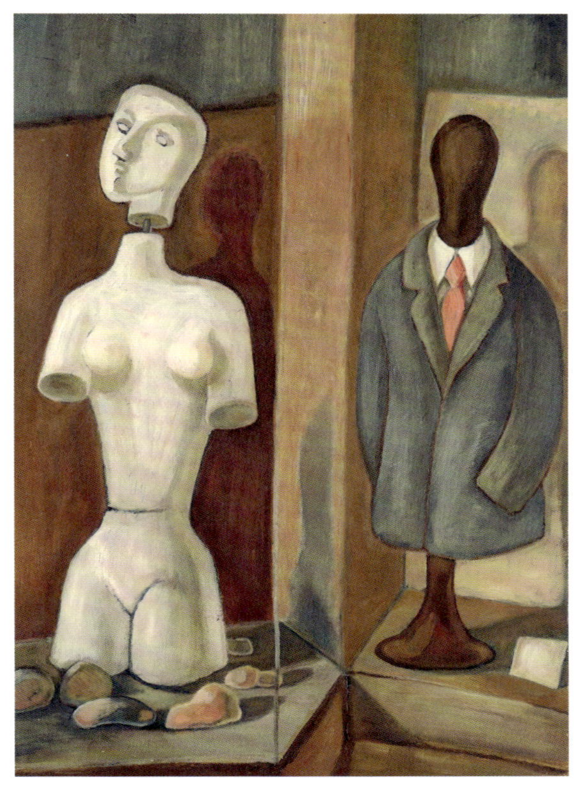

KLEIDERPUPPEN IM SCHAUFENSTER 1973 ÖL AUF HARTFASER

anknüpfte. Nach eigener Aussage war es die Malerei Emil Noldes (1867–1956), die sie zu einem künstlerischen Neuanfang inspirierte – und Nolde war, wie sie selbst, ein »Nordlicht«. 1915 als Gudrun Dölker in Hamburg geboren, wurde die nordische Landschaft zum zentralen Erinnerungsort. Bereits in jungen Jahren musste sie diese Heimat durch den Umzug der Familie nach Stuttgart zurücklassen und kam als exotische Hamburgerin im Süden nie so richtig an; schon wegen des schwäbischen Dialekts fühlte sie sich als Fremde. Immer wieder kehrte sie jedoch in ihre Heimat zurück, sei es fürs Studium und ab den 1950er-Jahren fast 40 Jahre lang durch regelmäßige Reisen an die Nordsee. Schaals Leben war somit früh durch eine besondere Sehnsucht geprägt, die nicht zuletzt als künstlerische Kraft in ihrer Malerei Ausdruck fand.

Ihre verlassenen Orte und maskenhaften Porträts vermitteln häufig ein Gefühl von Einsamkeit und Leere. Hier ist der Mensch nur noch Erinnerung. Nicht selten werden primär Frauenfiguren sogar weiter zur Puppe neutralisiert – ihres freien Willens und ihrer Lebendigkeit beraubt. Die Rolle der Frau ist bei Schaal ein wiederkehrendes Thema und geht meist mit einer zynischen Spannung einher. Leere Blicke und entblößte Körper zeigen die Frauengestalten eben nicht als das, was sie eigentlich sind: selbstständige und kraftvolle Wesen.

Gude Schaal musste sich als Künstlerin in ihrer Familie durchsetzen und hatte, zehn Jahre nach ihrem Beginn mit der Ölmalerei, 1970 die erste Ausstellung in der Hans-Thoma-Gesellschaft, dem heutigen Kunstverein Reutlingen. Elf volle Seiten im dortigen Gästebuch verweisen auf den großen Zuspruch, den sie schon zu Beginn ihrer künstlerischen Karriere in Reutlingen erhielt. Schaal etablierte sich dabei in einem Umfeld, das bereits von namhaften Künstlern wie Winand Victor (1918–2014) oder

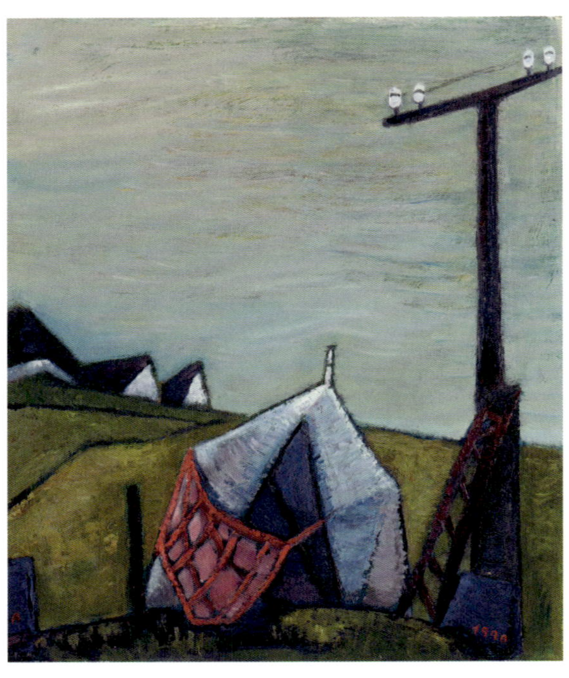

ZELT 1990 ÖL AUF HARTFASER

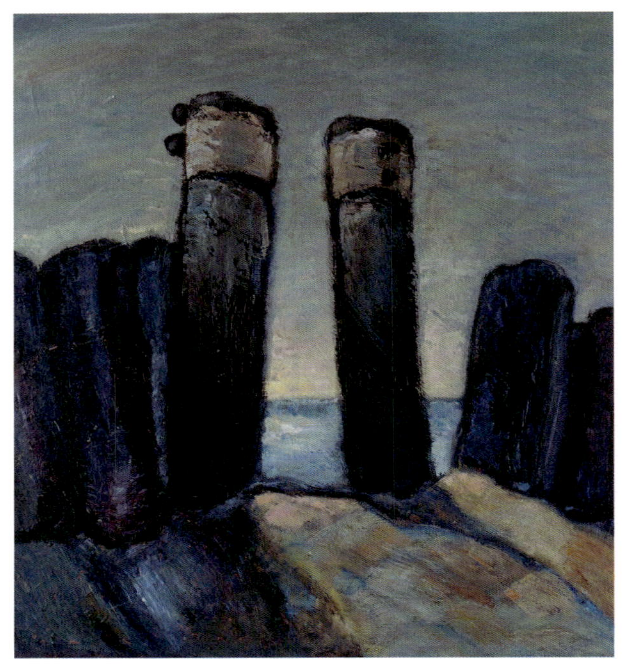

DURCHBLICK ZUR SEE 1985 ÖL AUF HARTFASER

Erich Mansen (1929–2012) geprägt wurde und schaffte es, sich zu behaupten. Im Jahr von Schaals Debüt war Victor sogar im Reutlinger Spendhaus zu sehen. Bis zu ihrem Tod erhielt sie zudem ganze drei Ausstellungen in der Kreissparkasse Reutlingen – 1980, 1990 und 1996 –, was für die Historie des Hauses eine große Ausnahme darstellte. Eine vierte Jubiläumsausstellung 2015 zum 100-jährigen Geburtstag führte die Wertschätzung für Schaals künstlerisches Werk schließlich gebührend fort.[4]

Das Werk *Kleiderpuppen im Schaufenster* von 1973 ist nur drei Jahre nach ihrem Debüt in der Hans-Thoma-Gesellschaft entstanden und zeigt Schaals Sensibilität für die Verwundbarkeit des Menschen sowie ihr feines Gespür für subtilen Humor: ein Widerspruch und stetiger Begleiter in ihrem späteren Œuvre. Während der männliche Torso anständig in Jackett und Krawatte präsentiert wird, ist der weibliche Körper vollständig entblößt. Wo sie wiederum ein Gesicht hat, besitzt er lediglich einen undefinierten Holzkopf.

Schaal selbst beschrieb sich häufig als »Malerin in Moll«, und tatsächlich sind fast alle ihre Werke in dunklen Farben grundiert. Durch Licht- und Schattenspiele entstehen Einblicke in bühnenhaft anmutende Landschaften und Interieurs, die jedoch eine gewisse Fremdheit ausstrahlen. Räume wirken verzerrt, Gebäude scheinen sich zu neigen, und sogar Stühle schwanken. Schaal hatte eine ausgeprägte Vorliebe für Diagonalen. Trotz dieser perspektivischen Unruhe durchzieht ihre Kompositionen aber eine besondere Harmonie, da Farbe und Form stets fein aufeinander abgestimmt sind.

Dennoch widersetzt sich Schaals rohe Malweise einem Detailreichtum und erinnert eher an manieristische Ansätze. Ihre Bildwelten sind geprägt von gestauchten Formen und Perspektiven, überlängten Körpern und bizarren Gesichtern. Schön im klassischen Sinne sind sie nicht – und das ist auch beabsichtigt. Stattdessen offenbaren sie ihre Verletzlichkeit ganz ungeschminkt.

Schaals Figuren begleitet eine stetige, unterschwellige Trauer. Sie kommunizieren nicht miteinander, sondern existieren nur – zwar nebeneinander, aber doch distanziert. Ihre Bilder tragen eine »strenge Schönheit«[5] in sich und wecken Neugierde auf diese fremden Welten. Farbübergänge, Unschärfen, Linien und Kanten – der gesamte Malvorgang bleibt sichtbar. Oft dominieren auffällige Umrisslinien, was an die illustrativen Einflüsse aus ihrem Studium erinnern mag.

Ihre markante und eigenständige Formensprache konzentriert sich auf das Wesentliche und entfaltet, wie Hansdieter Werner es ausdrückte, eine »magnetische Wirkung«. Starke Helldunkelkontraste, kühle Blicke und surreale Landschaften erzeugen ein Gefühl beständiger Distanz, was den geheimnisvollen Reiz von Schaals Werken ausmacht. Ihre Arbeiten strahlen eine besondere Ernsthaftigkeit aus, die auch bedrohlich wirken kann, wie etwa in ihrem Werk *Zelt* von 1990 deutlich wird. Auf den ersten Blick mag es wie ein idyllisches Plätzchen auf einer grünen Wiese unter blauem Himmel wirken, doch der Standort dieses Zeltes ist ungewöhnlich gewählt. Zwischen zwei Strommasten aufgestellt, wirkt es schief und baufällig, als hätte hier schon lange niemand mehr gewohnt. Es scheint nur eine Frage der Zeit, bis dieses skurrile Gebilde endgültig in sich zusammenstürzt. Getreu Schaals Motto »Ein bisschen Rot muss sein«[6] zieht eine abgerissene rote Plane vor dem Eingang immer wieder den Blick auf sich und verleiht dem Zelt letztlich eine gewisse Anmut.

Düsternis übte eine große Faszination auf Gude Schaal aus, nicht nur in ihren Bildern, sondern auch in ihrer Vorliebe für tragische Theaterstücke, da sie Happy Ends als kitschig empfand. So überrascht es nicht, dass in vielen ihrer Werke eine melancholische Bildironie aufscheint. Schaals Bilder spielen oft mit gezielten Widersprüchen, gerade in Kombination mit den Bildtiteln. So versperren in *Durchblick zur See* von 1985 beispielsweise monumentale Strandpfähle die Sicht, und nur durch einen kleinen Spalt kann man die dahinter liegende Sonne am Horizont erahnen. Diese besondere Mischung aus Wehmut und Entschlossenheit findet sich auch in Schaals zahlreichen Porträts wieder.

Neben Landschaftsthemen malte Gude Schaal vor allem Menschen, meist aus ihrer unmittelbaren Umgebung. Sie porträtierte Familie und Freunde, aber auch zufällig getroffene Personen. Einmal blockierten Schüler ihren Weg, und nach mehreren vergeblichen Aufforderungen sagte sie: »Darf ich jetzt bitte durch – sonst male ich euch!«[7] Am nächsten Tag kamen die Kinder tatsächlich zu ihr und wollten gemalt werden. So entstand 1994 das Bild *Schüler*. An den drei Gesichtern wird deutlich, worauf Schaal bei ihren Porträts den Fokus legte: Es ging ihr nicht um ein getreues Abbild, sondern darum, den Ausdruck zu verdichten. Bei Auftragsarbeiten fragte sie daher oft: »Soll es ähnlich sein oder darf es ein gutes Bild werden?«

Viele der entstandenen Porträts sind bei den Porträtierten selbst und deren Familien geblieben, was die Reutlinger noch heute eng mit Schaal verbindet. Sie malte die Menschen ihrer schwäbischen

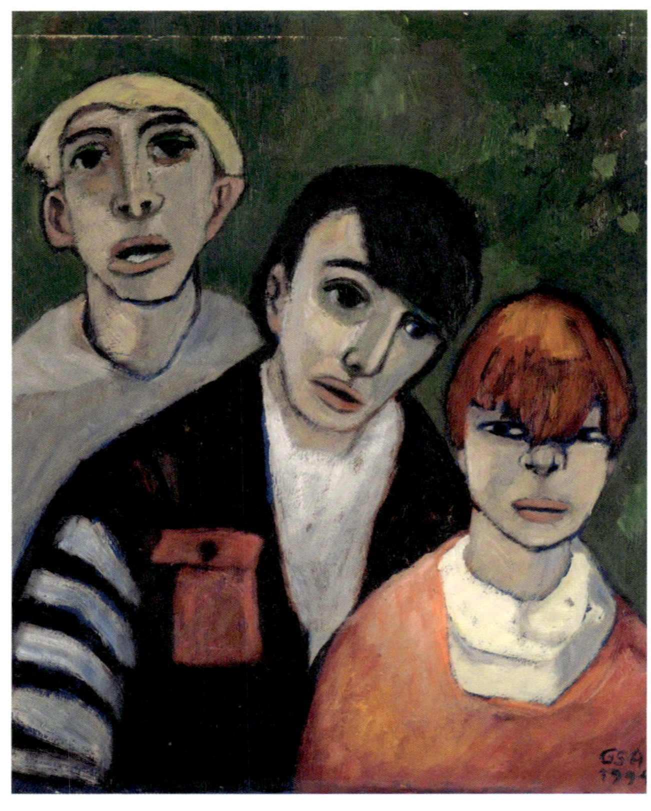

SCHÜLER 1994/1999 ÖL AUF HARTFASER

Heimat und erfasste dabei vor allem die charakteristischen Züge eines Gesichts: Markant geschnittene Nasenpartien und große, mandelförmige Augen bestimmen viele Bilder, was auch die Assoziation zur Maske verstärkt. Eine direkte Verbindung zog Schaal schon früh in der Arbeit *Karneval* von 1970. Hier stellte sie die Individualität des Menschen auf erstaunlich freche Weise infrage. Zwei schlanke Frauenfiguren sitzen auf einem Sofa, scheinbar wartend oder beobachtend. Von ausgelassener Karnevalsstimmung gibt es keine Spur. Über ihren Köpfen hängen in regelmäßigen Abständen Masken von der Decke, die eine unverkennbare Ähnlichkeit mit den Gesichtsausdrücken der beiden Frauen haben. Man fragt sich unweigerlich: Was war zuerst da, der Mensch oder die Maske?

Schaals Menschen verbindet ein Gefühl verborgener Trauer, eingeschüchtert wirken sie dabei jedoch keineswegs. Vielmehr strahlen sie trotz ihrer Fremdheit eine versöhnliche Haltung aus. In gewisser Weise sind sie alle Selbstporträts von Gude Schaal. Ihr Leben lang sehnte die Künstlerin sich nach ihrer Heimat im Norden, war aber zugleich fest in der Reutlinger Künstlergemeinschaft verwurzelt. So engagierte sie sich schon früh in lokalen Vereinen wie der Hans-Thoma-Gesellschaft und war ein aktives Mitglied der GEDOK[8], die sich seit 1926 der Förderung weiblicher Talente widmet. Dass Schaal bereits in den 1930er-Jahren Kunst studierte, die Ölmalerei noch über zwanzig Jahre später größtenteils autodidaktisch erlernte und bis zu ihrem Tod künstlerisch tätig blieb, zeigt die immense Kraft, die sie zeitlebens in die Kunst investierte – und diese spiegelt sich gleichermaßen in ihren Bildern wider.

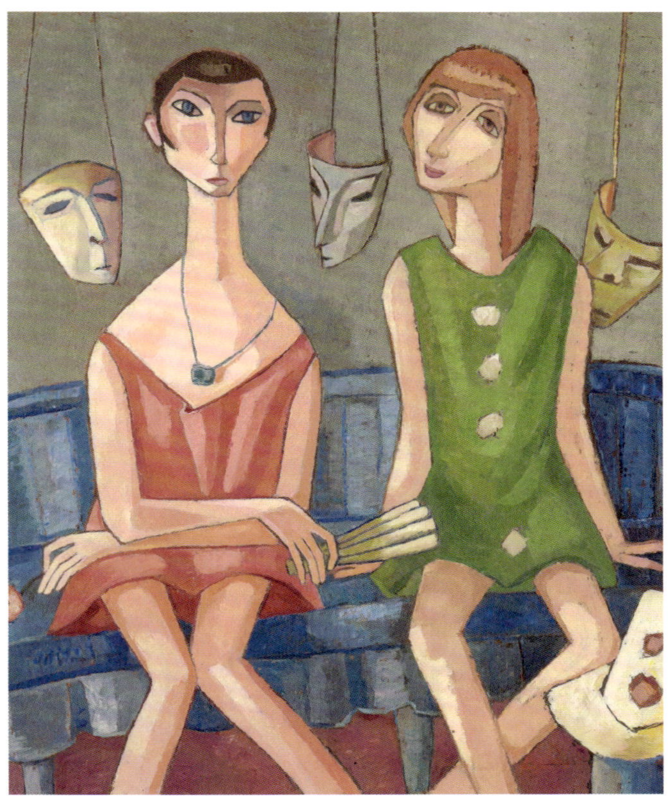

KARNEVAL 1970 ÖL AUF HARTFASER

1 Gude Schaal in einem Brief von 1970. Vgl. Grimm, Gerhard: *Die Malerin Gude Schaal. Einführung in das Werk*, Hamburg 1985, S. 18.

2 Dieser Beitrag stützt sich auf zwei Veröffentlichungen der Autorin für die Reutlinger Galerie Reinhold Maas. Vgl. *Gude Schaal*, hrsg. von der Galerie Reinhold Maas, Reutlingen 2020 sowie *Gude Schaal und Winand Victor. Spur und Erinnerung*, hrsg. von der Galerie Reinhold Maas, Reutlingen 2020.

3 Vgl. Scholz, Dietmar: »Bilder, die hinterfragen«, in: *Gude Schaal. Bilder aus 25 Jahren*, Ausst.-Kat. Hans-Thoma-Gesellschaft – Kunstverein Reutlingen, Reutlingen 1995, S. 18.

4 Vgl. *Gude Schaal. 13.12.1915–26.12.2011*, hrsg. von Silke Guhl, Ausst.-Kat. Kreissparkasse Reutlingen, Reutlingen 2015, S. 60/61.

5 Die Aussage entstammt einem Telefoninterview mit Hansdieter Werner vom 18.5.2020.

6 Ebd.

7 Vielen Dank an Familie Lachenmann für diese Anekdote aus erster Hand.

8 GEDOK ist der Verband der Gemeinschaften der Künstlerinnen und Kunstfördernden e. V., das älteste und europaweit größte Netzwerk für Künstlerinnen der Disziplinen Bildende Kunst, Angewandte Kunst/ArtDesign, Literatur, Musik und Interdisziplinäre Kunst/Darstellende Kunst; vgl. https://gedok.de/ [5.6.2024].

1954 – 1962

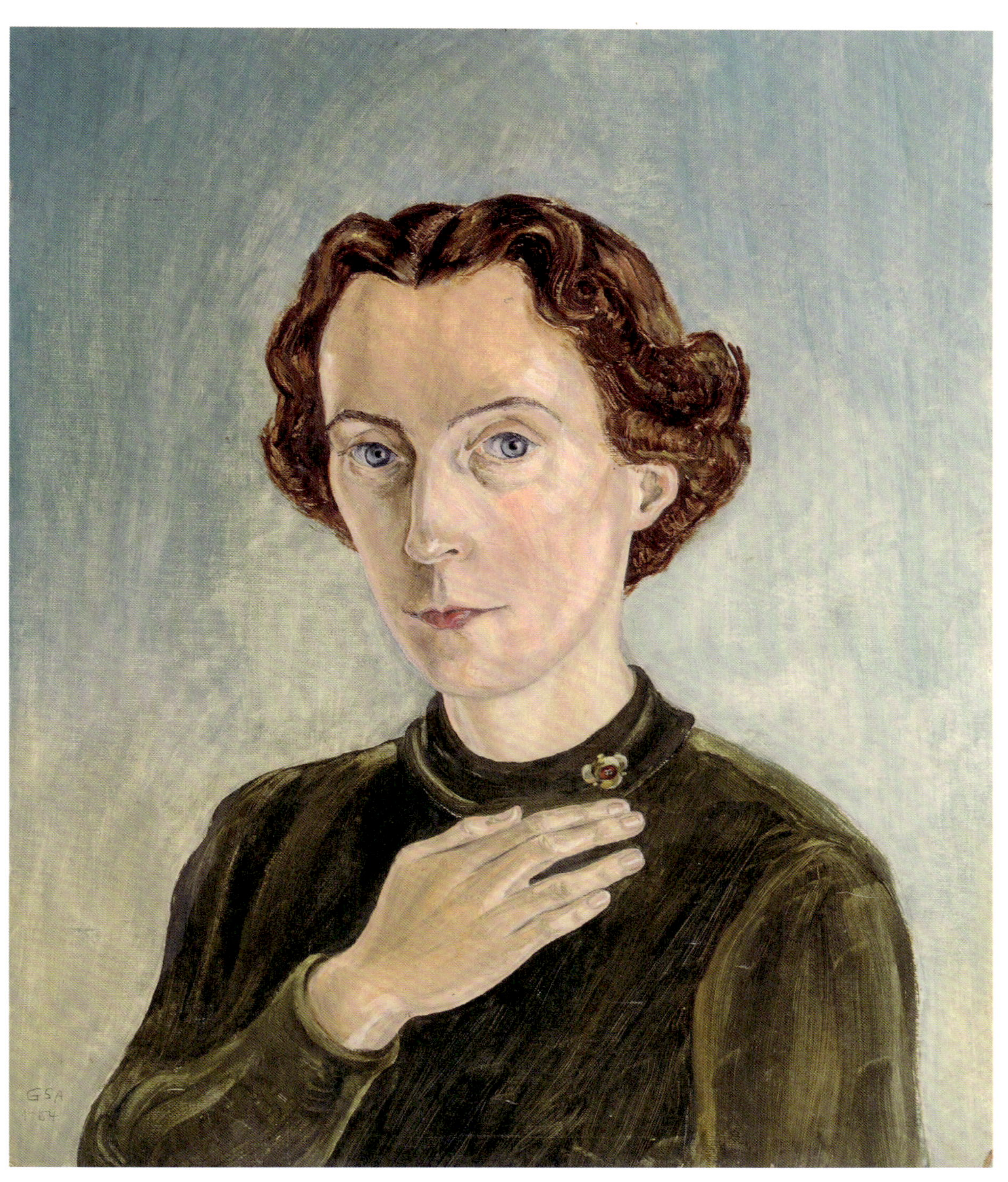

SELBSTBILDNIS **1954** ÖL AUF MALKARTON

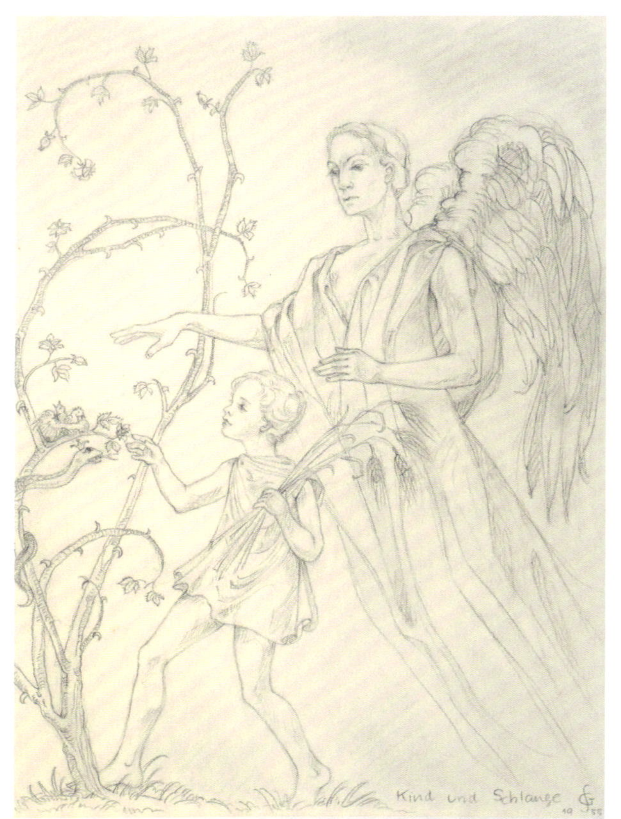

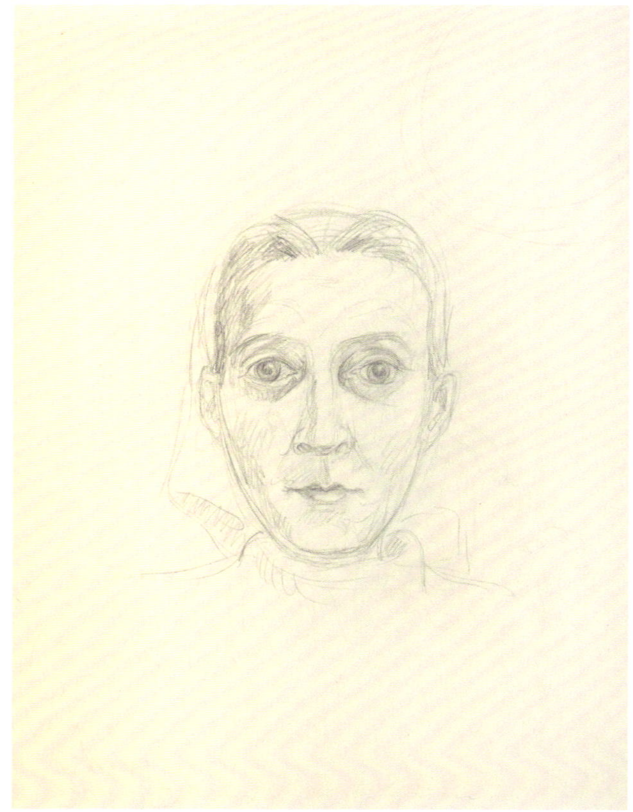

KIND UND SCHLANGE 1955 BLEISTIFT

SELBST, KRANK 1957 BLEISTIFT

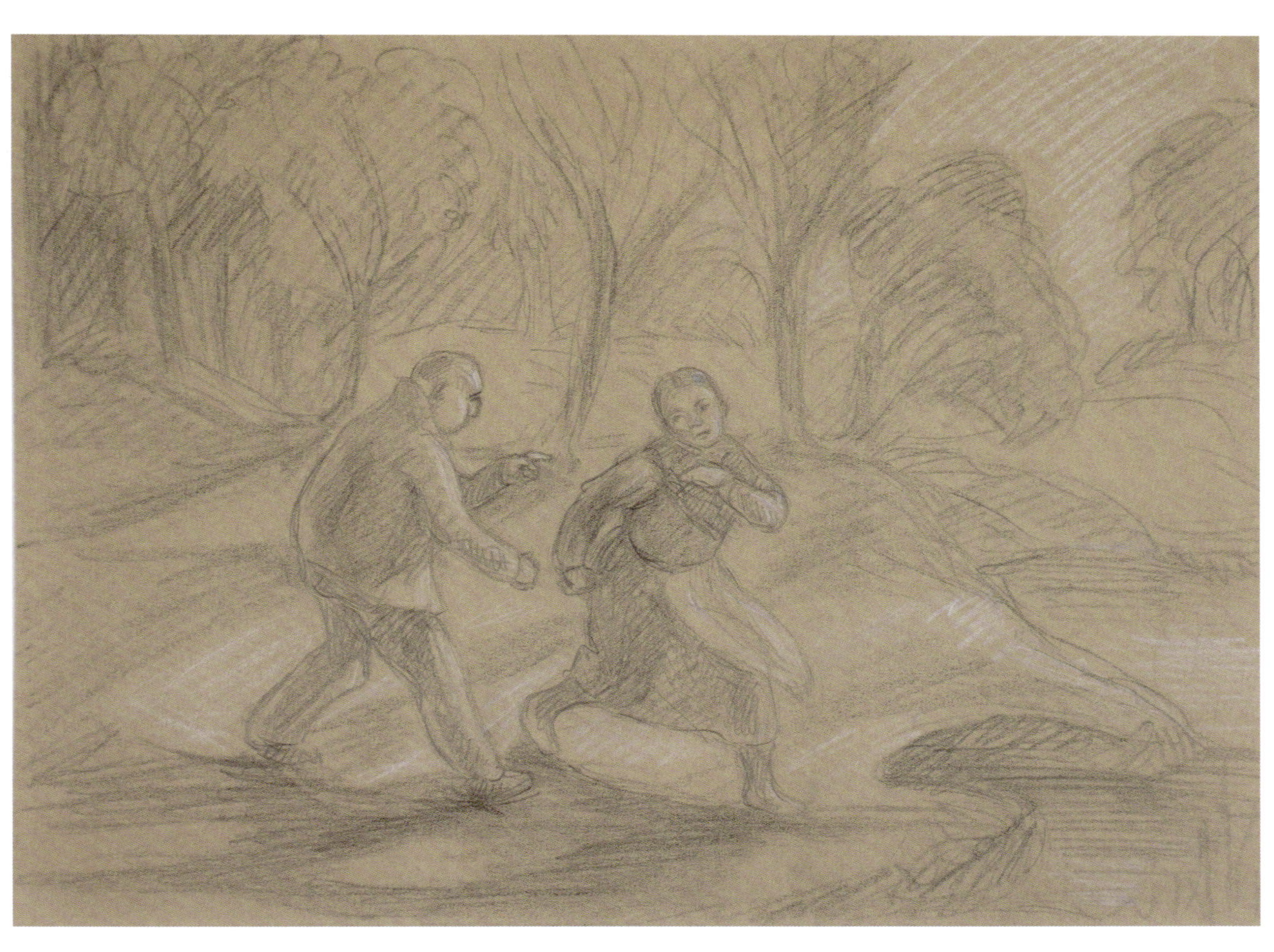

OHNE TITEL, III 5.5.1958 BLEISTIFT

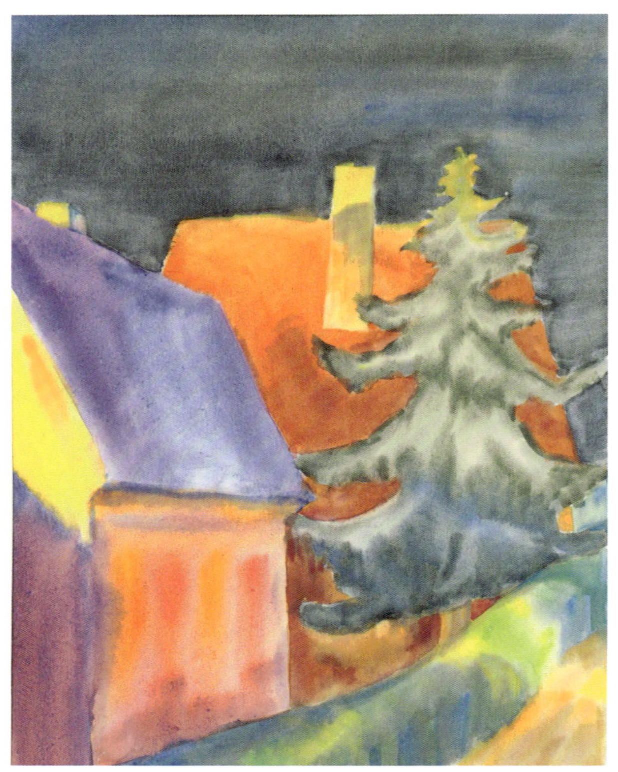

GEWITTERLICHT 1958 AQUARELL

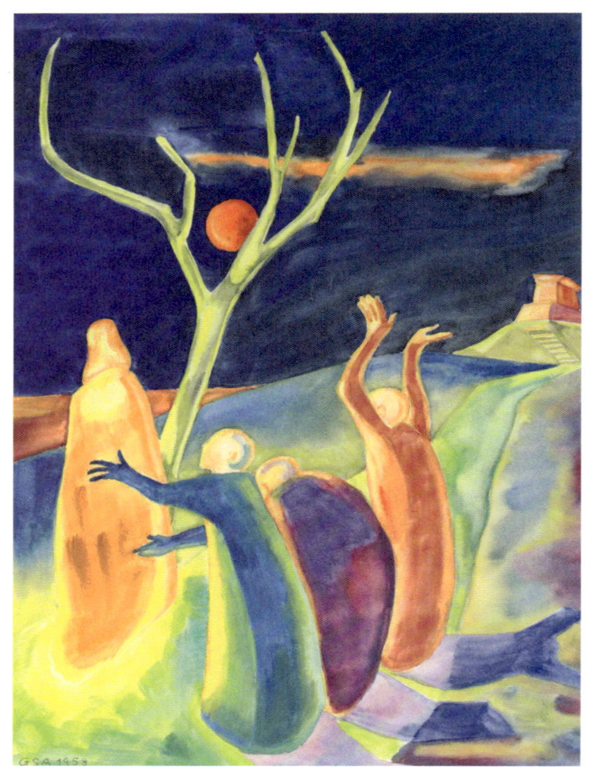

DAS LICHT 1958 AQUARELL

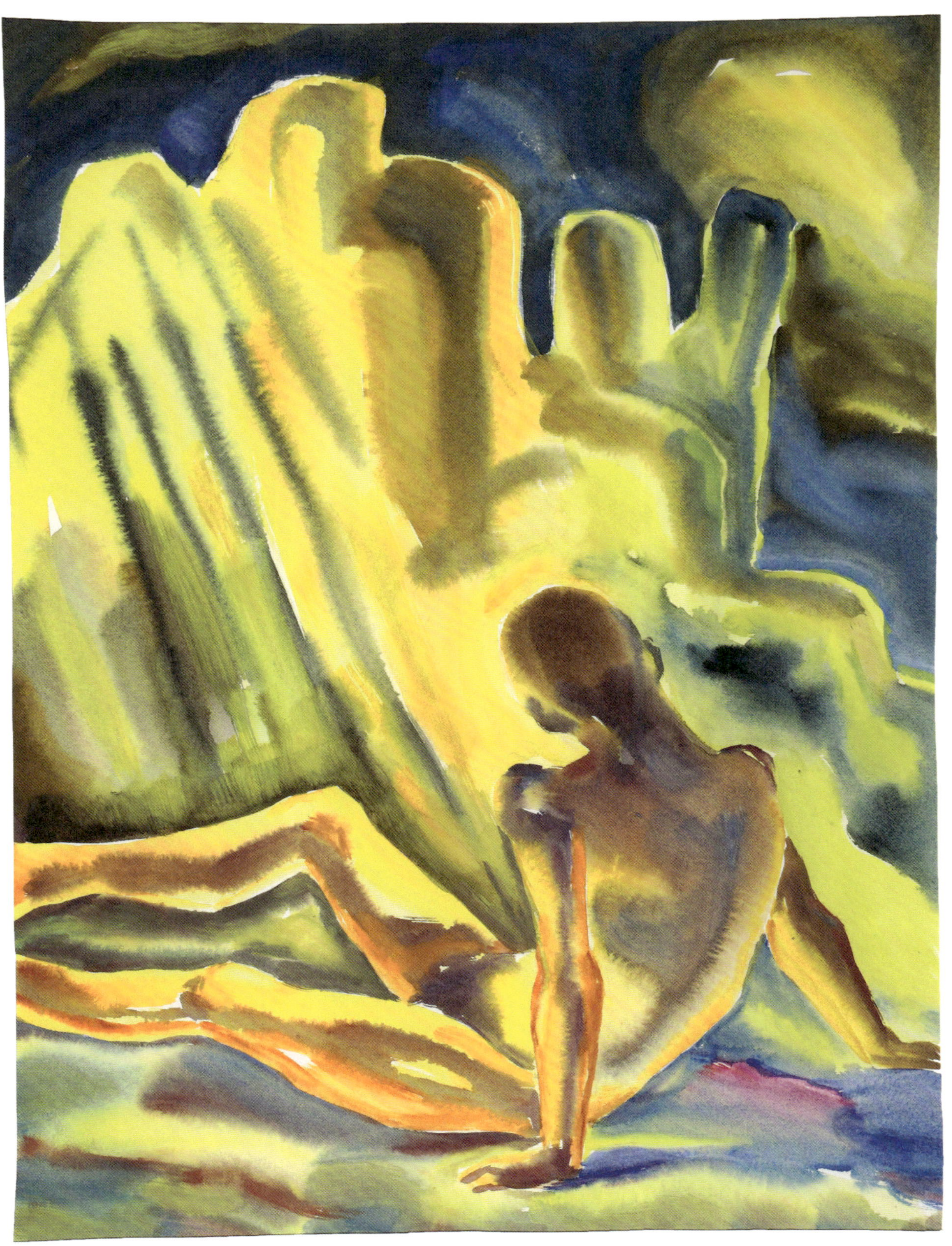

SCHMERZEN 31.3.1959 AQUARELL

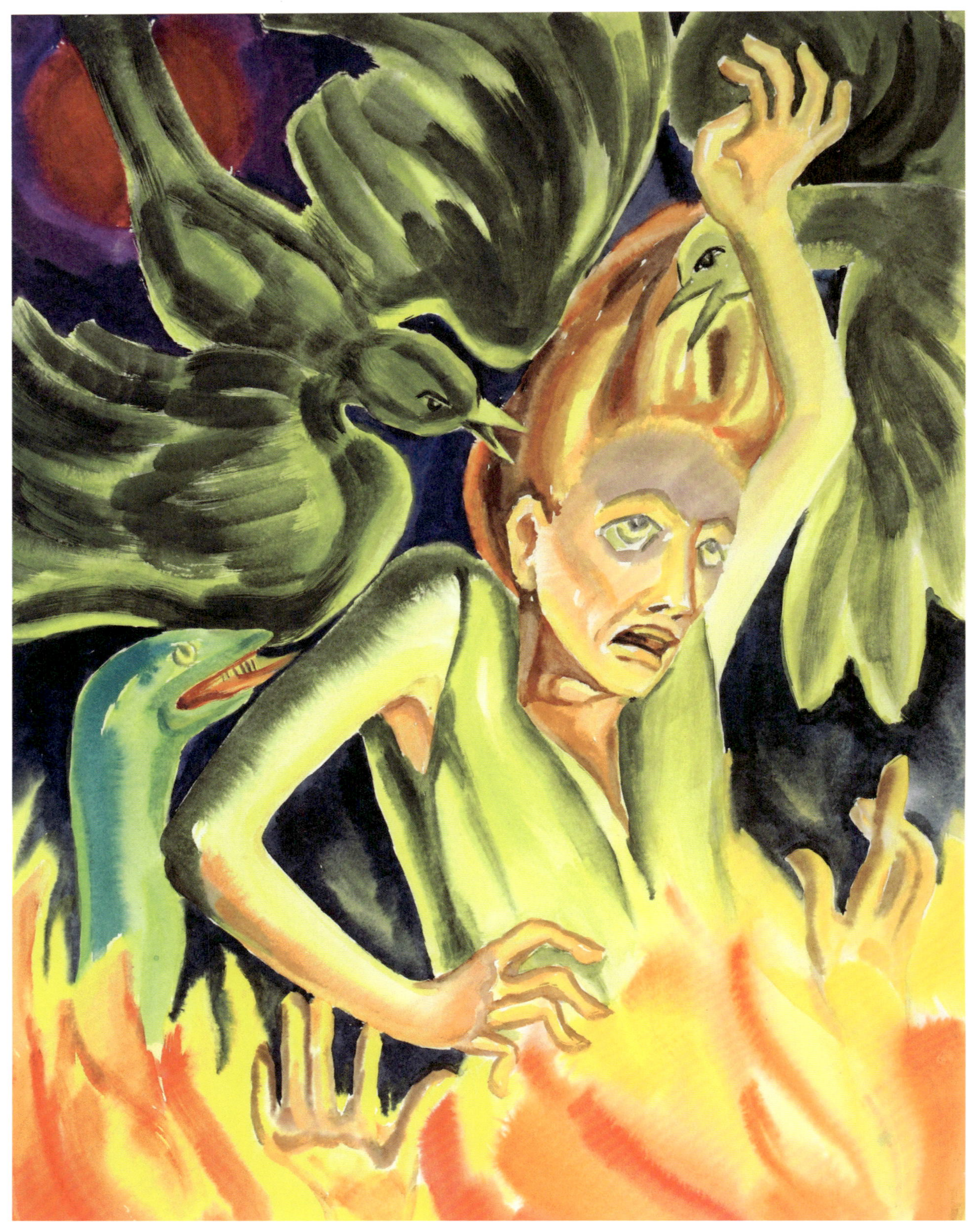

ANGST 5.6.1959 AQUARELL

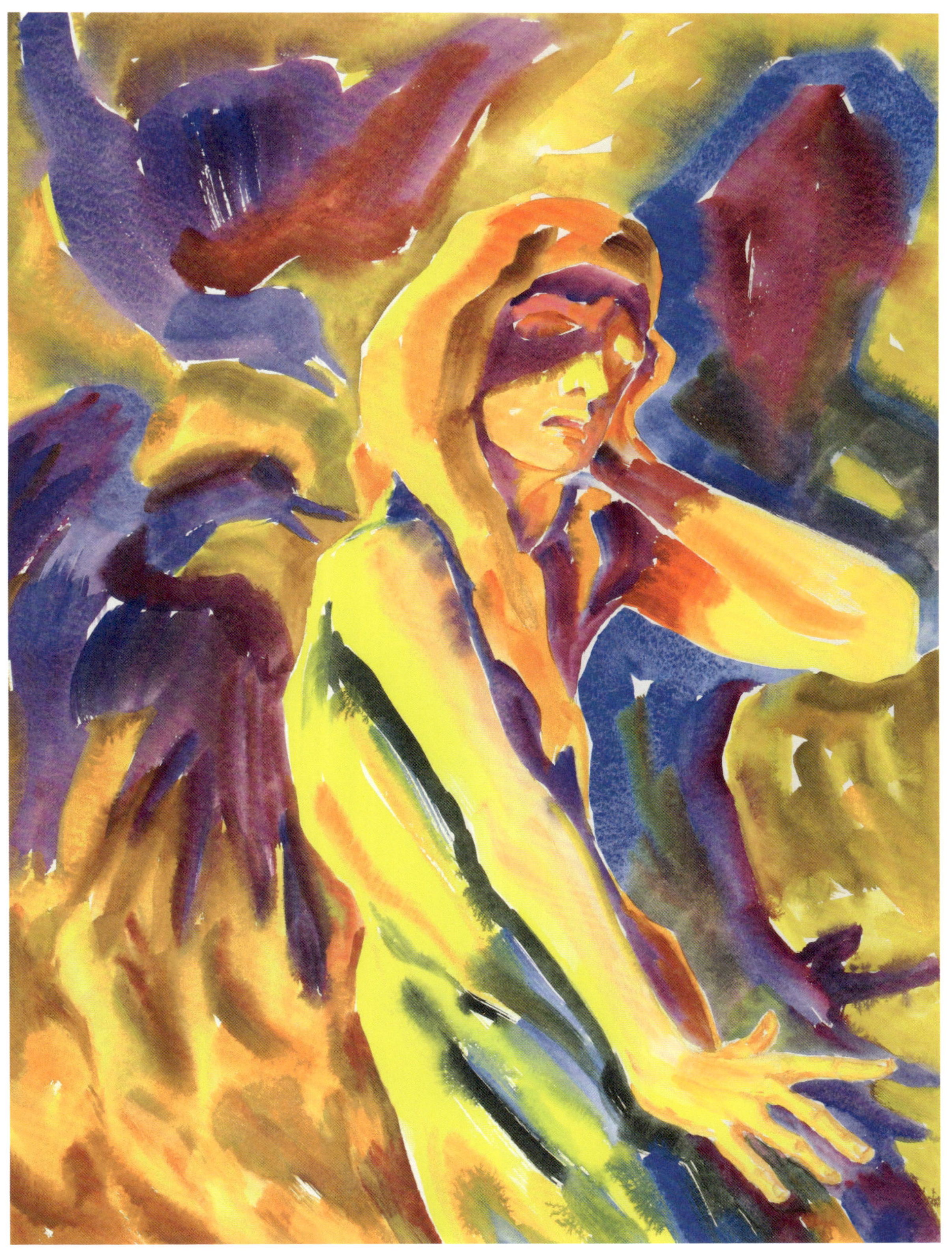

ENTSETZEN 16.6.1959 AQUARELL

ROTE KETTE **16.10.1958** AQUARELL

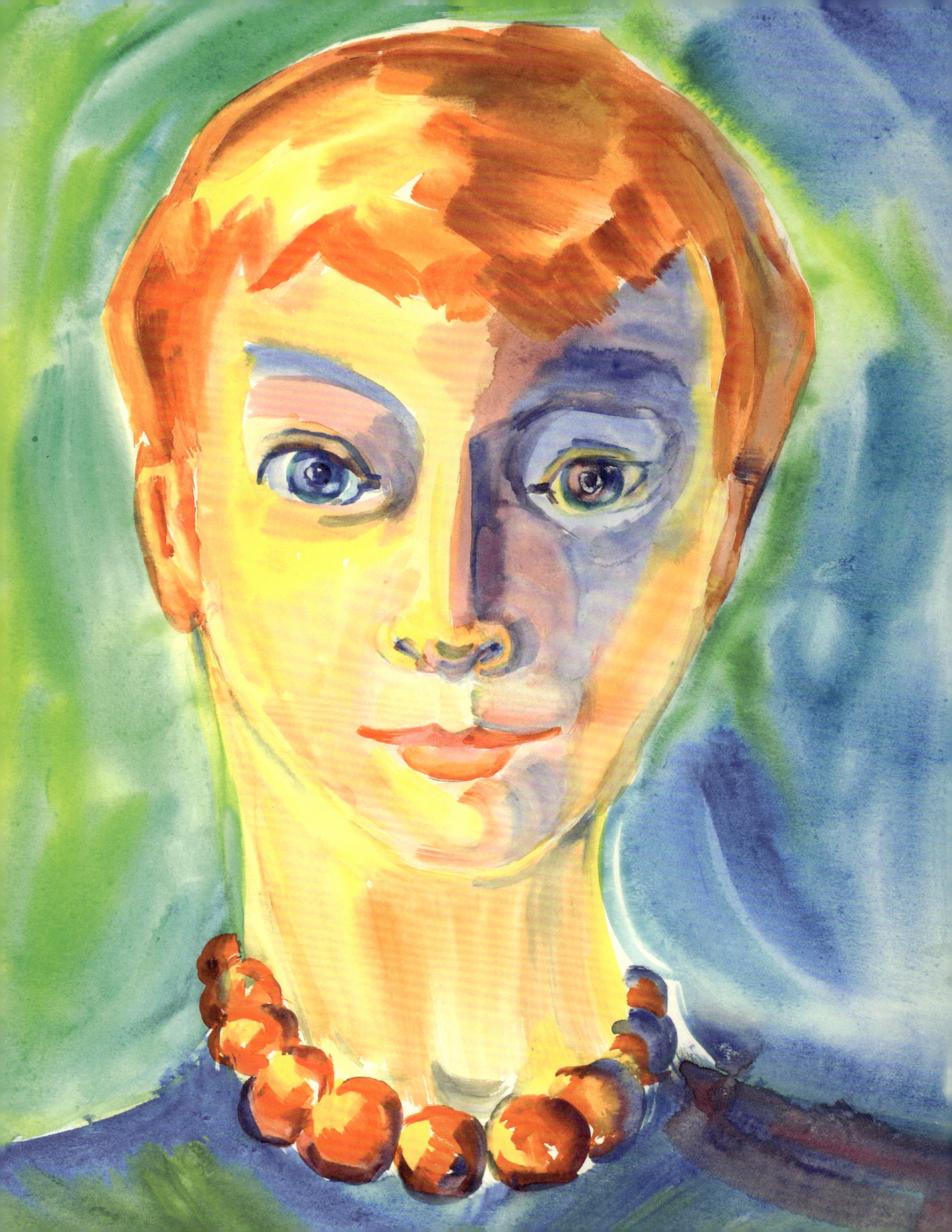

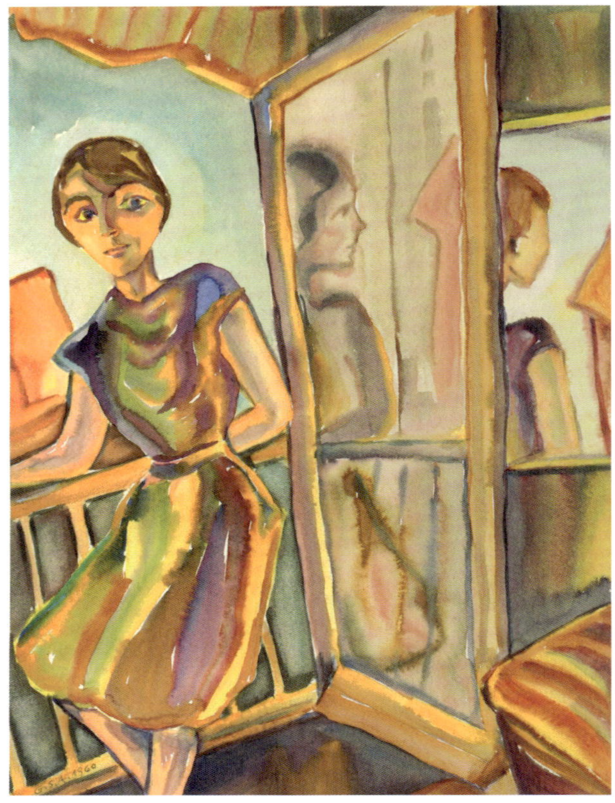

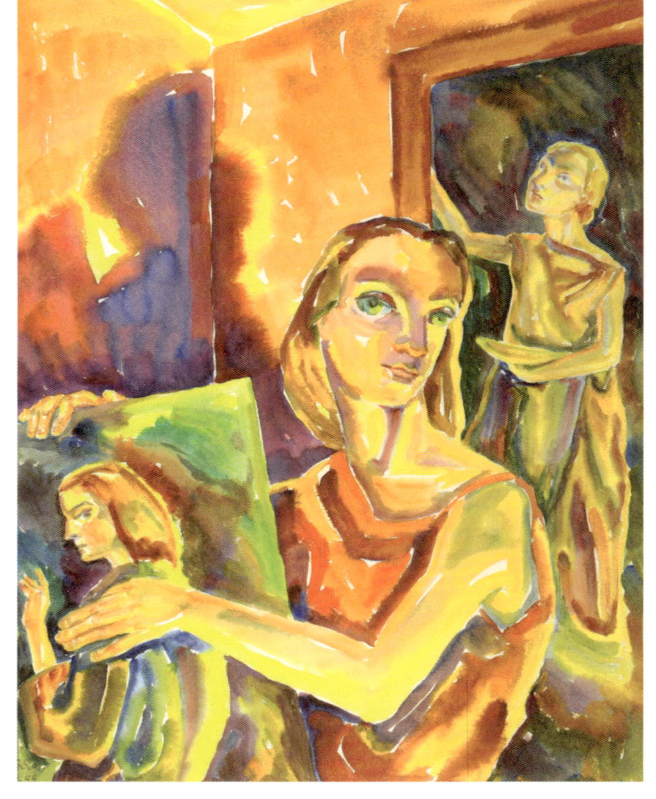

JUGEND (MÄDCHEN AM FENSTER MIT SPIEGEL) 14.7.1960 AQUARELL

 VERGANGENHEIT – GEGENWART – ZUKUNFT 1959 AQUARELL

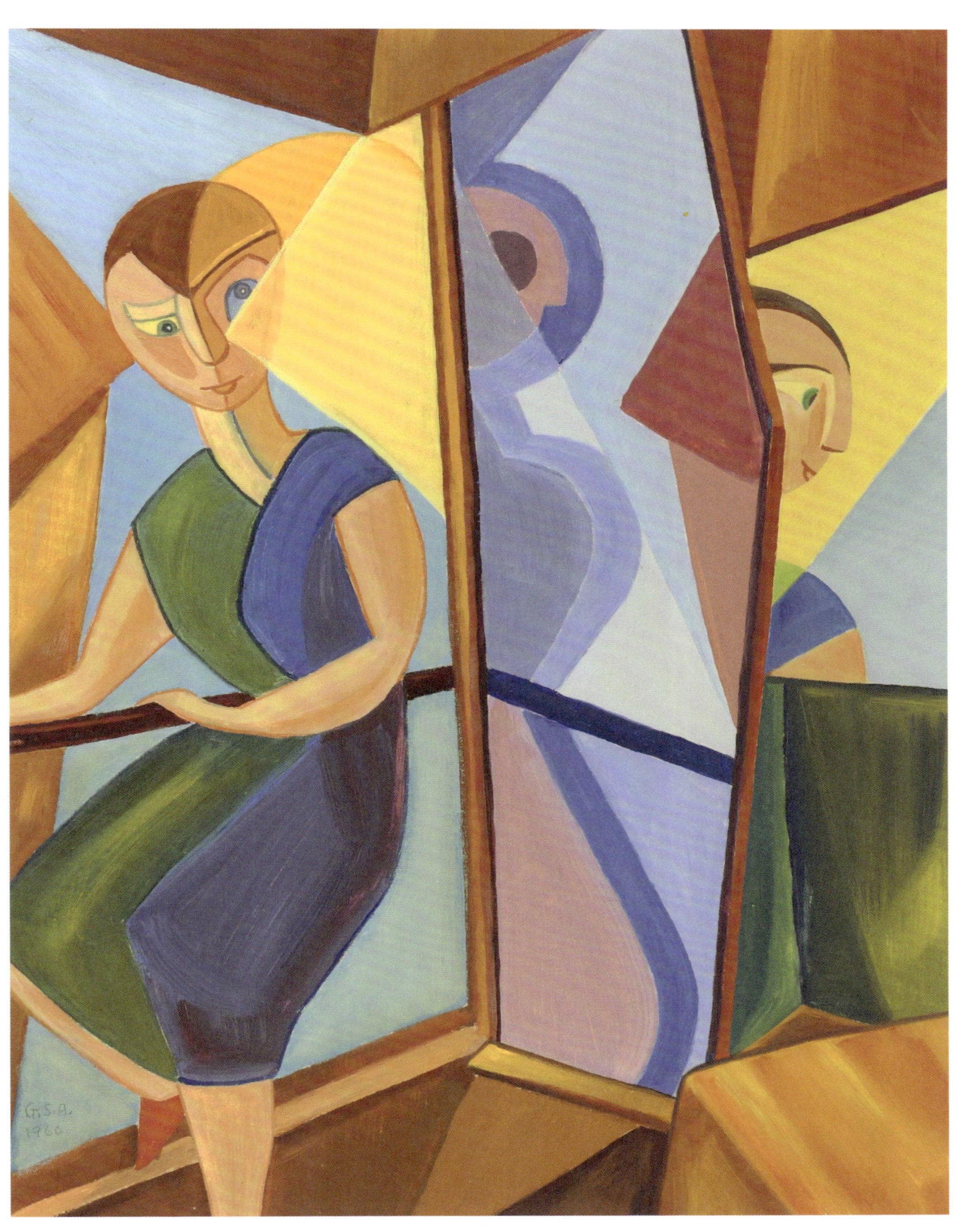

IM FENSTERSPIEGEL UM 1960 ÖL AUF PAPIER

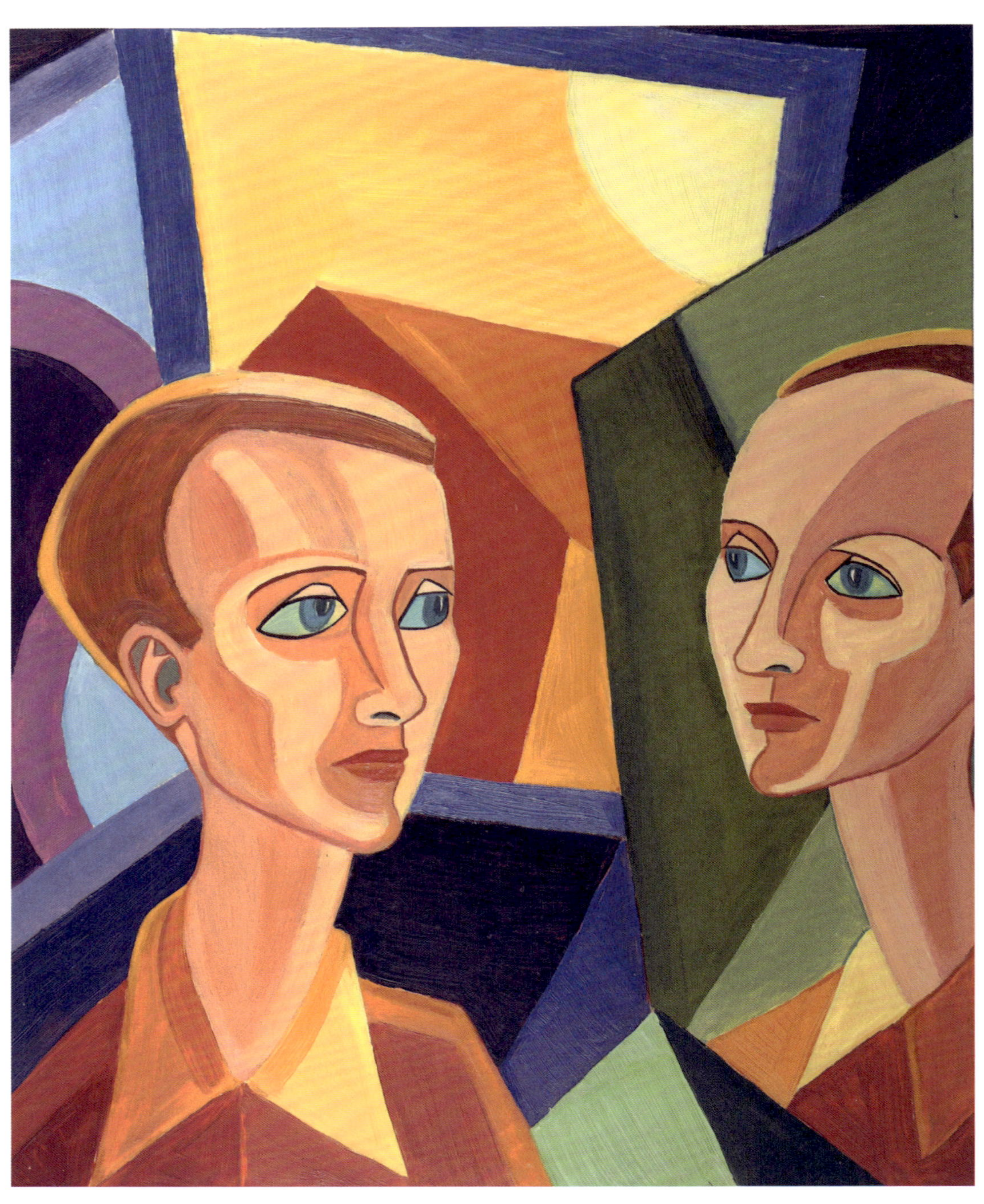

 KNABE MIT BILD. FÜR MEINEN SOHN ELER SCHAAL ZUM 17. GEBURTSTAG OKTOBER 1960 ÖL AUF PAPIER

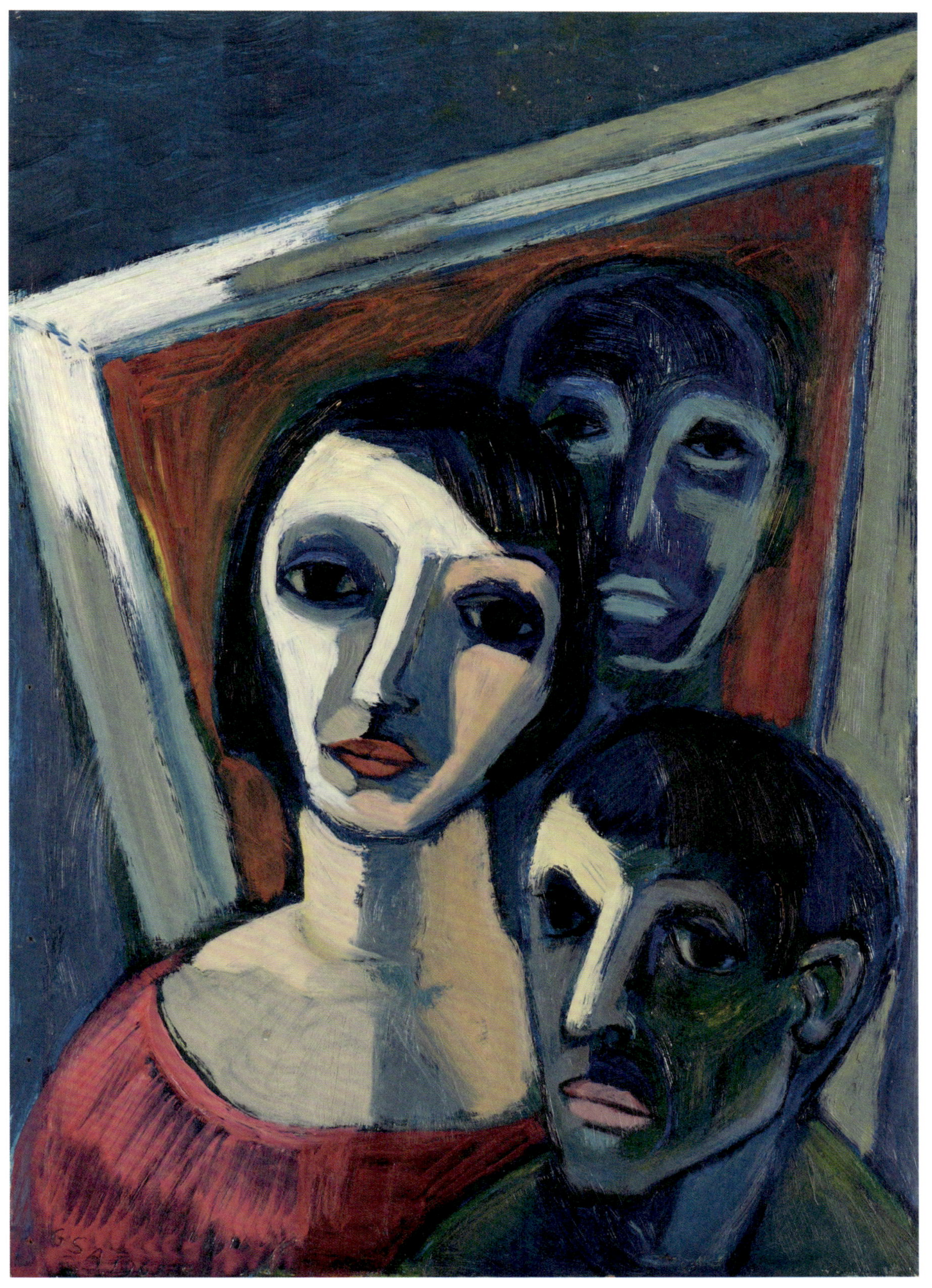

DREI MENSCHEN 1962 ÖL AUF HARTFASER

Im Dialog mit der Kunst.
Bildzitate und Reflexionen bei Gude Schaal

Anna Katharina Thaler

Das Kinn ruht in der als Schale geformten rechten Hand, wodurch sich der Kopf leicht zur Seite neigt. Verstärkt wird diese Bewegung durch die intensive Blickrichtung der dargestellten Frau hin zum linken Bildrand und über diesen hinaus. Ihr rechter Arm ist vor dem Oberkörper angewinkelt und mit dem Ellbogen stützt sie sich vermutlich auf einer Tischplatte ab, hinter der sie sitzt oder steht. Gleichzeitig führt sie den linken Arm unter dem Rechten entlang zur rechten Schulter, sodass ihre Hand diese locker umgreifen kann. Weiße Umrisslinien betonen den flächig schwarzen Oberkörper der Frau, der sich kontrastreich von einem Wellenmuster aus unbedrucktem und bedrucktem Papier im Hintergrund abhebt. Das obere Drittel des Hintergrunds lässt mit seiner schwarzen Fläche das durch Linien ausgeformte Gesicht hervortreten. Auch die auf der Schulter ruhende linke Hand ist bis zu den Knöcheln durch die für den Linolschnitt typische Kontrast-Schnitttechnik von unterschiedlich breiten und schmalen sowie hellen und dunklen Linien plastisch ausgestaltet. Die umgreifenden Finger wiederum sind sattschwarz gedruckt und nur durch helle Umrisslinien als solche erkennbar. Der dort gesetzte Kontrast generiert eine deutliche Grenze und zeigt ein Innen des Körpers und ein Außen des Raums an. Durch die Funktion der Hand und insbesondere der Greifmöglichkeiten der Finger findet dennoch der stete wechselseitige Austausch von begrenztem Körper hinein in den offenen Raum und zurück statt. So wird auch der in Gedanken versunkene Blick und die in sich gekehrte körperliche Haltung nach außen getragen, während zugleich die äußere Umgebung nach innen wirkt. Dieser 1977 von Gude Schaal geschaffene Linolschnitt trägt den Titel *Sinnende*[1].

In vertikaler Anordnung von oben nach unten hat die Künstlerin in der linken oberen Motivecke ihre Signatur GSA und die letzten beiden Ziffern der Jahreszahl in die schwarze Fläche gesetzt. Den

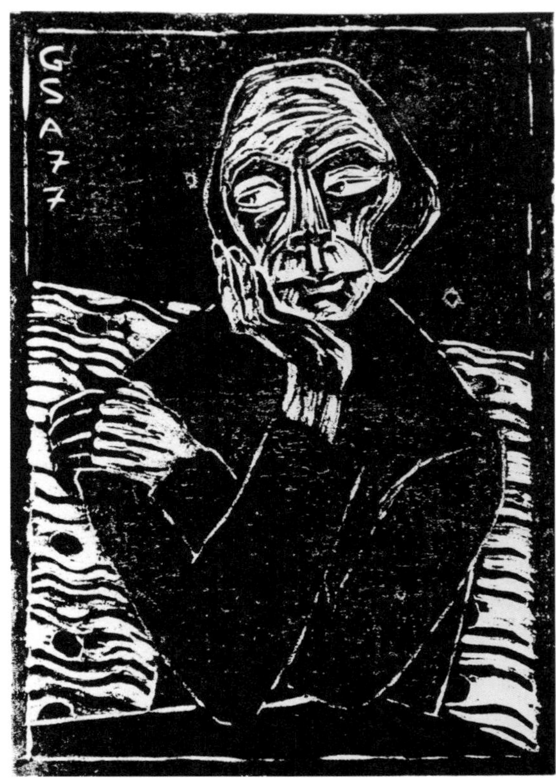

SINNENDE 1977 LINOLSCHNITT

verschiedenen druckgrafischen Techniken ist der Vervielfältigungscharakter inhärent und das Motiv kann somit mehrfach – je nach Technik sogar in tausendfacher Anzahl – auf Papier oder anderen geeigneten Bildträgern gedruckt werden.[2] Die Auflagenhöhe des hier beschriebenen Linolschnitts ist unbekannt, da Schaal die Nummerierung der Auflagenlimitierung nicht ergänzt hat. Wie sie in ihrem Text *Mein Weg in die Malerei* von 2002 erwähnt, hat sie lediglich in den 1970er-Jahren Linolschnitte geschaffen und die Arbeit daran aus gesundheitlichen Gründen dann wieder aufgegeben.[3] Es ist daher anzunehmen, dass die jeweiligen Auflagen überschaubar ausfallen.[4] Von dem hier beschriebenen Linolschnitt *Sinnende* existiert zudem eine Fotokopie im Nachlass. Das Format wurde zwar etwas vergrößert, aber dennoch kann dieses als ein von der Künstlerin geschaffenes Objekt mit unikalen Eigenschaften beschrieben werden. Auf der Rückseite des Papiers ist im unteren Viertel ein Stück eines alten Ausstellungsplakats montiert, vermutlich der obere Teil eines Plakats mit dem zweizeiligen, in Großbuchstaben geschriebenen Text »Gude Schaal Ausstellung«. Auf der Vorderseite der Fotokopie ragt somit ein schmaler weißer Streifen des Plakats an der unteren Papierkante hervor, auf dem mit Kugelschreiber der Bildtitel in Anführungszeichen, das Jahr und der ausgeschriebene Name der Künstlerin notiert sind – als ob ein Originalabzug vorliege. Auffälliger auf der Rückseite des kopierten Blattes ist jedoch ein mit Klebestreifen befestigter Zeitungsausschnitt, dessen relevanter Inhalt erst durch sein Umklappen sichtbar wird. Ein vollständiger Artikel ist es nicht, aber ganz offensichtlich liegt der Fokus auf der ausgeschnittenen fotografischen Reproduktion eines Kunstwerks und deren Bildunterschrift: Es handelt sich um eine Abbildung des Holzschnitts *Idées noires* (Dunkle Gedanken)[5] von 1929 des belgischen Künstlers Frans Masereel (1889–1972). Deutlich zeigen sich dessen

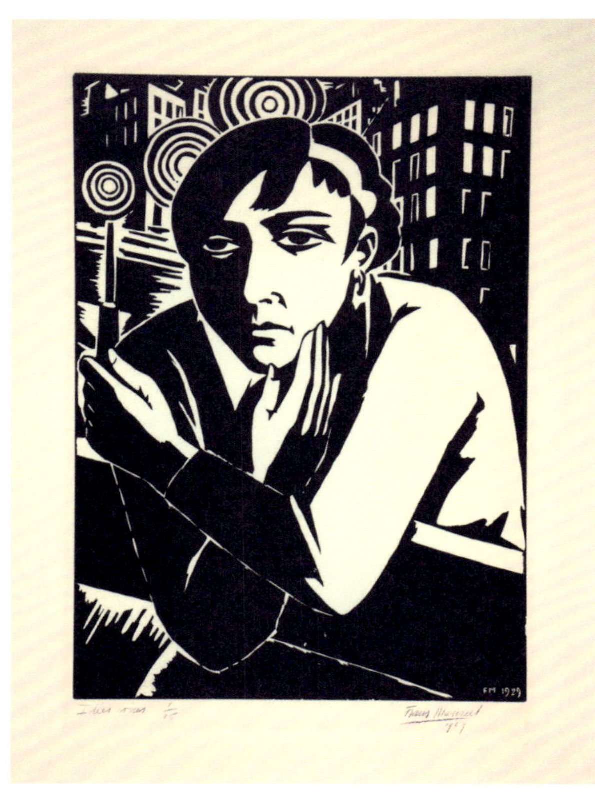

FRANS MASEREEL IDÉES NOIRES 1929 HOLZSCHNITT

unverkennbare Gestaltungselemente wie kantige Kontraste ohne filigrane Modellierung durch fein gesetzte Linien sowie seine gekonnt eingesetzten flächigen Wechsel von Licht und Schatten, einfarbig in Schwarz gedruckt. Die von rechts in das Motiv geleitete Lichteinwirkung suggeriert die plastische Ausgestaltung der zentralen Hauptfigur. Dargestellt ist eine Frau mit verschränkten Armen, die sich melancholisch und in Gedanken versunken auf einer Brüstung abstützt. Im Hintergrund flimmert eine Großstadtkulisse, die als ein typisches Motiv des Holzschneiders gilt. Der Text zum Bild des Zeitungsausschnitts vermeldet die Erwerbung eben dieses Werks von Masereel für die Städtische Kunstsammlung – gemeint ist die Sammlung des Städtischen Kunstmuseums, heute das Kunstmuseum Reutlingen. Der Bildnachweis offenbart, dass es sich bei der Zeitung um den *Reutlinger General-Anzeiger* handelt, jedoch sind Datum und Jahrgang nicht notiert. Aus den Ankaufsakten des Kunstmuseums Reutlingen geht hervor, dass der Holzschnitt *Idées noires* im Jahr 1992 erworben wurde. Durch das aktive Anbringen des Ausschnitts auf der Rückseite des kopierten Linolschnitts kontextualisiert Gude Schaal ihr eigenes Werk und reiht es in eine motivische – und gleichermaßen druckgrafische – Historizität ein. Das gegenüber der Entstehung des Linolschnitts spätere Datum der journalistischen Meldung lässt deutlich vermuten, dass das Werk Masereels nicht als unmittelbare Inspiration für Schaals Druckgrafik diente. So beträgt die Originalauflage des Holzschnitts lediglich 25 Exemplare, wie die Angabe unten links unterhalb des Drucks auf dem Reutlinger Blatt verrät – ob Schaal den Holzschnitt also im Original gesehen hat, bevor sie 1977 ihren Linolschnitt fertigte, bleibt unklar.

Allerdings gibt es durchaus noch einen weiteren Hinweis in ihrem gestalterischen Werk darauf, dass der Künstlerin die Bildsprache und Gestaltung Masereels bekannt war. Während ihrer Akademiezeit in

SONNE, SEE UND STRAND 1937 FEDER UND GOUACHE

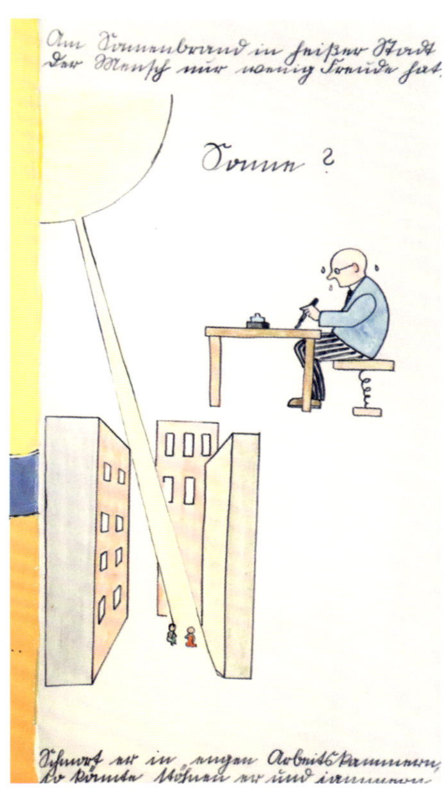

Hamburg entwarf sie 1937 das achtseitige Faltblatt *Sonne, See und Strand*[6] (Abb. S. 22/23). Darauf zu sehen sind verschiedene sommerliche Szenen, in denen sie beispielsweise sechzehn Orte und Inseln der Nordsee mit ergänzenden Miniaturzeichnungen namentlich festhält oder eine dreiköpfige Familie zeigt, die im Begriff ist, sich in den schäumenden Wellen des blauen Meers abzukühlen. Auf einer weiteren Seite sitzt an einem Schreibtisch ein glatzköpfiger Mann mit Schweißtropfen, in der Komposition eher freischwebend neben einer fragmentarischen Hochhausstadt verortet, in der ein kräftiger Sonnenstrahl zwei spielende Kinder beleuchtet. Der dargestellte Mann in Verbindung mit der gemalten Sonne sowie dem schriftlich ergänzten Wort »Sonne« in Sütterlin lässt sich mit einer ähnlichen Darstellung dieser Motivkomponenten aus Masereels Holzschnittbuch *Le Soleil*[7] von 1919 parallelisieren. Das Buch erschien 1926 unter dem Titel *Die Sonne* in einer deutschen Ausgabe mit einer Auflage von 5000 Exemplaren.[8]

Die Grafikklasse der Hamburger Hochschule (damals Hansische Hochschule für Bildende Künste) war für Gude Schaal nicht zielführend, um nach dem Abschluss ihren Berufswunsch Illustratorin ausüben zu können. So schrieb sie sich schließlich an der Akademie in München ein, doch erzählt sie rückblickend: »Nach 2 Semestern in München wechselte ich noch einmal die Hochschule. Zum Wintersemester 37/38 ging ich nach Leipzig, höchst ungern! Aber die ›Staatliche Akademie für graphische Künste und Buchgewerbe‹ bot die einzige Möglichkeit, meinen Wunschberuf Buch-Illustration doch endlich die richtige Ausbildung zu geben. Ich habe es nicht bereut.«[9] Dies ist zumindest ein Hinweis darauf, dass sich Schaal mit Buchillustration sowie bedeutenden Akteur*innen dieser Kunstform auseinandersetzte – und dementsprechend mag sie vielleicht schon während ihrer akademischen Ausbildung Werken und Holzschnittbüchern Masereels begegnet sein, so beispielsweise auch dem genannten Buch *Die Sonne*. Ihren verschiedenen handschriftlichen Aufzeichnungen ist zu entnehmen, dass sie sich unter anderem auch mit Alten Meistern, französischen Klassikern oder moderner Kunst – während des Studiums in der Ausstellung *Entartete Kunst* in München, damals aber eher ablehnend – beschäftigte.

Schaals überwiegend künstlerisch-gestalterisches Vorgehen, durch Imagination und geistige Vorstellungskraft von innen heraus ein Bild zu schaffen, ergänzt sich durch das aktive Sehen sowie durch einen »realen Aufhänger«[10], also jegliche Formen der Abbildung von Fotografien über Zeitungsbilder bis hin zu Kunstwerken. Die vagen Vermutungen und subtilen Referenzen auf Werke eines Künstlers lassen sich mit Blick auf das Gesamtwerk der Reutlinger Künstlerin sowie anhand von Beispielen aus diesem konkretisieren. In einigen ihrer Werke finden sich eindeutige Verweise, Hommagen und Bildzitate, die zwischen Inspiration und Überführung in ihre eigene Bildsprache eine ernsthafte Auseinandersetzung und Einordnung ihrer selbst in das Umfeld Kunst offenbaren.

Identität und Inszenierung

1959 erläutert Gude Schaal auf der linken Vorsatzseite eines schwarz gebundenen Tagebuchs die Wahl ihres Künstlerinnennamens: »G.S. – Altona möchte ich mich als Malerin nennen. Die Namen Schaal und Dölker bezeichnen ja nicht mein Selbst, sie sind angeheiratet, so genügt mir G.S., denn Gude ist mir auch nicht so wichtig und Gudrun fremd. Aber dass ich in Altona geboren und beheimatet und 12 Jahre im Ganzen gewesen bin, das ist für meine Seele wichtig und gehört zu ihr. Wenn der Name sein muss, dann nur Gude Schaal – Altona.«[11] Mit dieser Festsetzung einer Identität beginnt sie ab Mitte der 1950er-Jahre den zweiten Teil ihrer künstlerischen Karriere. Aus ihren unzähligen handschriftlichen Aufzeichnungen, Tagebüchern und Texten wird ersichtlich: »Kunst ist kein ›Hobby‹, das Freude macht, sondern eine schwere Gabe und Auf-gabe.«[12] Die Kunst an sich und die Arbeit in diesem Beruf erfordern demnach Überzeugung, Ernsthaftigkeit und Auseinandersetzung. Ihre Positionierung als Künstlerin und insbesondere das allgemeine Künstlertum gehen bisweilen mit einer spirituellen, ja religiös-christlichen Einstellung einher, über die sie in ihren Aufzeichnungen grübelt. So führt sie dann auch weiter aus: »Der Künstler lebt in einem ›Zwischenreich‹ zwischen dem Religiösen und Heiligen und dem Profanen, Alltäglichen, Wirklichen.«[13] Schaal greift hier auf ein traditionelles Verständnis und eine seit der Renaissance etablierte Zuschreibung des Künstlermythos zurück, der als Schöpferfigur Einzigartigkeit, Ideal und Genialität in sich trägt.[14] In ihren Schriften verdeutlichen sich subjektive Überlegungen zu ihrer Profession als Künstlerin sowie privat-persönliche Selbstreflexionen, die eine kritisch-distanzierte Herangehensweise verlangen. Ihr eigenes seelisches Befinden, die fortwährende Sehnsucht nach dem Norden, Hamburg und der Nordsee sowie das Gefühl einer Heimatlosigkeit, einer Unverbundenheit mit der Reutlinger Region und dem Schwäbischen betont sie mitunter immer wieder – dennoch lebte sie knapp 70 Jahre in Reutlingen, wo in derselben Wohnung das Kinderzimmer nach und nach zu einem Atelier wurde.

Schaal beschreibt sich als »Mollmensch«[15] und erzeugt dadurch eine Inszenierung und Darstellung ihrer selbst – der Begriff »Inszenierung« ist hierbei allerdings weder als negativ behaftet einzuordnen noch abwertend gemeint. Durch ihre Aussagen und Gedanken leitet sie Außenstehende dazu an, sie in diesem selbst formulierten Charakterbild zu sehen und ihren Künstlerinnenstatus anzunehmen. Sie schafft sich ein Umfeld, um als Mensch, als Frau und ausdrücklich als Künstlerin aufzutreten und gesehen zu werden. Mehrdeutigkeiten und Gegenüberstellungen[16] zeigen sich demnach motivisch in ihren Bildern: Schaal arbeitet von sich heraus, aus einer In-sich-Gekehrtheit, die der Linolschnitt *Sinnende* sinnbildlich wiedergibt. Die oben genannten Ausführungen zur Kunst als »Zwischenreich« stammen wohl aus den frühen 1970er-Jahre. Wie der handschriftlich verfasste, eineinhalbseitige Text *Über Kunst* von 2009 aufzeigt, hält sie über die Jahre an dieser Aussage fest und verdeutlicht ihren Standpunkt: »Wenn ich ein Bild male, hole ich eine geistige Idee in die materielle Welt. Diese verkörperte Idee spricht durch den in ihr wirkenden Geist zu den Menschen.«[17] Eine aus der Erinnerung notierte Aussage ihres Professors Adolf Schinnerer (1876–1949) an der Akademie in München ebnete einen ersten Schritt zu dieser Arbeitsweise: »Unser Lehrer, der bekannte Hölzel-Schüler Prof. Adolf Schinnerer kam nur Freitags für eine Stunde in unsere Klasse, gab flüchtige Kritik und hat mich wohl nie näher wahrgenommen oder gar ermutigt. Immerhin war er es doch, der zu mir sagte, als er meine schwachen Zeichnungen sah: ›Schauen Sie mal nicht mehr hin, zeichnen sie aus dem Kopf‹.«[18] Ganz auf Vorzeichnungen und Skizzen verzichtet sie zwar nicht, doch sie ergänzt diese durch ihr Vorstellungsvermögen an das Gesehene. So basieren ihre Strand- und Meerbilder bisweilen auf Bleistiftskizzen, die sie zeitlich losgelöst von der Entstehung des Ölgemäldes festgehalten hat. Als Beispiele dazu sind auch ihre Ölporträts erwähnenswert: So saßen sich Modell und Malerin keineswegs stundenlang in Sitzungen gegenüber, um eine möglichst naturnahe Darstellung festzuhalten; stattdessen malte Schaal – nach einem Treffen und dem Anfertigen von Skizzen – anschließend aus ihrer Erinnerung heraus den Menschen mit dessen äußerer und innerer Ausstrahlung.

Von der Wiederaufnahme der Gestaltung fein gehaltener Bleistiftzeichnungen mit aquarellierter Kolorierung distanzierte sich Gude Schaal – wohl auch, um ihrer künstlerischen Karriere nach einer Pause, bedingt durch Familiengründung, Umzug nach Reutlingen sowie gesundheitlichen Beeinträchtigungen, neuen Input zu geben und auf die gegebenen Umstände zu reagieren. Zwar griff sie anfangs noch auf Gouache und Aquarell zurück, wechselte dann aber zur Ölmalerei, die sie sich autodidaktisch aneignete. Dafür orientierte sie sich an Fachliteratur, so auch einem Klassiker wie dem »gute[n] alte[n] Dörner«, und nutzte das »Anschauen von Kalendern«.[19] Tatsächlich finden sich im Nachlass auch einige Kunstkalenderblätter und eine große Anzahl an Kunstpostkarten. Anfangs gestalteten sich die Ölfarben für sie als eine Herausforderung. In ihrem Tagebuch hält sie am 1. Juli 1959 fest: »Vorige Woche mit Ölmalen begonnen. Ganz neue Aufgaben und Ansichten. Bis jetzt sehr unglücklich: wie dick, fett, schwer das Material. Ich fürchte, mir liegt das Wässrige mehr.«[20] Und doch bleibt sie in den Folgejahren dieser Technik bis zu ihrem Tod treu; erst spachtelt sie die Farbe noch, später dann malt sie mit dem Pinsel. Für die Hartfaser als Bildträger entscheidet sie sich, da die Leinwand mit dem Spachtel zu sehr »vibriert […]. Ich brauch was festes.«[21] War ihr moderne Kunst – gemeint ist hier überwiegend die klassische Moderne wie unter anderem Expressionismus, Avantgarde, Kubismus oder Fauvismus, also jene Strömungen, die im Nationalsozialismus als »entartete Kunst« galten – bis zu ihrer Auszeit wohl wenig zugänglich, änderte sich ihr Blick in den 1950er-Jahren durch ein Buch über den Maler Emil Nolde (1867–1956), durch das sich ihr neue Inspirationsquellen eröffneten.[22] Es finden sich in den Schriften immer wieder schlaglichtartig Gedanken und Ausführungen zu Künstler*innen wie beispielsweise Max Beckmann (1884–1950), Georges Braque (1882–1963), Paul Cézanne (1839–1906), Vincent van Gogh (1853–1890), Paul Klee (1879–1940), Karl Hofer (1878–1955), Oskar Kokoschka (1886–1980), Paula Modersohn-Becker (1876–1907), Pablo Picasso (1881–1973) oder Rembrandt van Rijn (1606–1669).

Inspiration, Hommage und Zitat

Die Referenz auf das Gemälde *Die Gräfin von Chincón*[23] von 1800 des spanischen Malers Francisco de Goya (1746–1828) lässt sich schon am Titel bei Gude Schaal ablesen: *Aus Goyas Welt (Gräfin Chinchon)*[24] von 1978. Die dargestellte Frau in Goyas Werk wird aus ihrer sitzenden Position vor einem unscheinbaren, dunklen Hintergrund, vermutlich einem Innenraum, in eine nächtliche Landschaftsszene manövriert. Ihr Körper ist beschnitten und nur noch als Büste auf einem niedrigen Steinsockel platziert. Darüber hinaus ist statt eines dekorativen Haarschmucks aus grünen Blättern und blauen Blumen eine Fledermaus auf das rote lockige Haar gesetzt. Die weiße Haube mit blauer Schleife im Nacken wurde übernommen. Es handelt sich zwar um eine eigene Bildwelt, die Schaal erzeugt, ihre Inspirationsquelle legt sie jedoch deutlich offen. Ebenso 1978 malte sie das

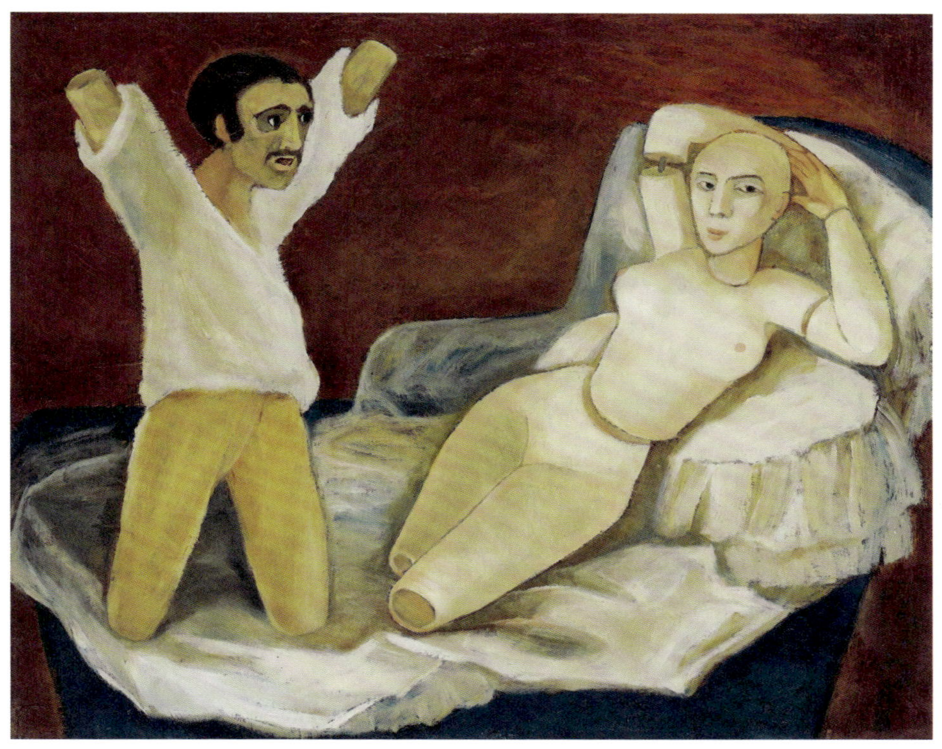

MAJA-VARIATION 1978 ÖL AUF HARTFASER

querformatige Ölgemälde *Maja-Variation*[25], das durch Titel und Motiv erneut auf zwei Gemälde des spanischen Malers anspielt, aus denen die Künstlerin Schlüsselfiguren und auch die umliegende Szenerie entnommen hat; gemeint sind Goyas Ölgemälde *Die Erschießung der Aufständischen*[26] aus dem Jahr 1814 und *Die nackte Maja*[27], die um 1800 entstand. Von Letzterem übernimmt Schaal den flächig roten Hintergrund, die blau-türkise Récamiere, auf der ein weißes Laken mit gerüschter Spitzenborte drapiert ist, sowie zwei Kissen mit einer ähnlichen, aber opulenteren Bordüre. Mit hinter dem Kopf verschränkten Händen und einem s-förmig geschwungenen, proportional fehlerhaften Körper, bei dem die Hüfte betont wird, liegt die nackte Frau uns Betrachtenden lässig zugewandt. Auffällig anders und doch auch ähnlich zeigt sich die Ausgestaltung des weiblichen Körpers: Bei Schaals Darstellung handelt es sich nicht um eine idealisierte Frau mit dunklem, lockigem Haar, roten Backen und makellosem Inkarnat; stattdessen räkelt sich bei ihr eine Schaufensterpuppe. Deren linke Hand zeigt durch eine sichtbare, dunkle Linie die mögliche Abtrennung vom Handgelenk an. Beide Oberarme sind mittig durchtrennt und lediglich durch einen Metallstab wieder miteinander verbunden. Am Hals lässt eine dunkle Linie zudem auf einen abnehmbaren Kopf schließen. Die Taille trennt Ober- und Unterkörper durch einen Spalt voneinander und es fehlt der Nabel, den Goya wiederum präzise auf dem Bauch abbildet.

In beiden Gemälden ähneln sich die am äußersten Rand des Brustkorbs und weit voneinander entfernt aufgesetzten prallen Brüste, die wie Kugeln wirken. Füße, Unterschenkel und Knie der Puppe fehlen komplett und so wird der Blick auf eine Querschnittfläche durch das Bein geführt, die am Ende des Oberschenkels angesetzt ist. In ihrer scheinbar menschlichen Verkörperung ist der Schaufensterpuppe somit vollumfänglich die freie Bewegung des Gehens genommen. Ein Anziehungspunkt ist ihr Kopf mit dem ausgestalteten Gesicht und den rötlich getönten Lippen, die von lasziven Augen mit dünn darüberliegenden, dunklen Augenbrauen ergänzt werden. Am auffälligsten ist: Die Puppe hat eine Glatze.

Neben der weiblichen Schaufensterpuppe auf dem unteren Teil des Sofas kniet der »Aufständische«. In Goyas Gemälde sind mehrere Gewehre auf ihn gerichtet; bei Schaal scheint er von seinem Umfeld völlig entfremdet zu sein. Sie hat jedoch die Kleidung übernommen, allerdings mutet diese bei ihr verschmutzt an. Es handelt sich um eine gelblich ockerfarbene Hose mit einem in den Bund gesteckten weißen Hemd, das bei Goya durch eine etwas entfernt am Boden stehende Laterne zwar scheinbar angeleuchtet wird, aber gleichzeitig als hellster Bereich in der Komposition aus sich selbst heraus strahlt. Schaal lässt wie bei Goya die Arme des Mannes v-förmig in die Luft greifen, hat ihrer Figur aber die Hände abgetrennt, während diese beim spanischen Maler zumindest an der rechten Hand deutlich erkennbar ein Wundmal aufweisen, wodurch man die Pose des Mannes »entweder [...] als die des sterbenden Christus am Kreuz oder auch als die des zu Gott flehende[n] Christus am Ölberg im Garten Gethsemane«[28] verstanden hat. Während das eine Gemälde Goyas politisch aufgeladen ist und gewissermaßen den öffentlichen Raum miteinbezieht, positioniert sich das andere als privat-voyeuristische Darstellung maximaler Intimität. Im Gemälde Schaals wird ein Bruch erzeugt, denn den beiden Schlüsselfiguren fehlt jede Interaktion.

Offensichtlich – und dies gilt insbesondere für die Gesamtgestaltung des Gemäldes der Maja – kopiert und zitiert Gude Schaal Bildinhalte eines anderen Künstlers, die sie miteinander kombiniert und in eine zu entschlüsselnde Komposition setzt. Der Begriff »Kopie« ist in der kunstgeschichtlichen Forschung immer wieder diskutiert worden und bleibt definitorisch wandelbar.[29] Einer seiner vielen Aspekte ist die Verwendung sowohl in positiven als auch in negativen Konnotationen, die durch ein Begriffsumfeld mit der Kopie im Zusammenhang stehen. Auszuschließen bei Schaals *Maja-Variation* sind demnach die Fälschung und die damit beabsichtige Täuschung sowie das Plagiat, Fake oder Hoax.[30] Positiv bewertete Begriffe sind die Hommage[31] oder das Zitat – wobei Letzteres in seiner Definition nicht zwangsläufig mit Kopie übereinstimmt. Franziska Brinkmann führt verschiedene Merkmale auf, die ein (Kunst-)Zitat ausmachen: Verweisfunktion, Erkennbarkeit von Vorlage und Zitat sowie Wahrnehmung und Erkennen (auch Nicht-Erkennen) des Zitats.[32] In Schaals *Maja-Variation* zeigt sich eine kompositorische und motivische Anlehnung an die beiden Vorbilder, während durch die Verfremdung der Körper und die Maltechnik ihre eigene Bildsprache und Handschrift hervortritt.

Dass sie sich von Künstler*innen inspirieren lässt und diese auch »bewundert (z. B. Nolde, Gauguin, v. Gogh, Kokoschka)«, notiert sie am 4. März 1961 in ihrem Tagebuch.[33]

Inhaltlich wirft die Zusammenstellung Fragen auf, die sich nicht leicht beantworten lassen und vielleicht sogar einer diskursiven Offenheit bedürfen. Werner Busch arbeitet drei Möglichkeiten zu Goyas Gemälde *Die Erschießung der Aufständischen* heraus: So kann die zentrale Figur durch die annähernde Christusdarstellung als göttlicher Märtyrer oder als politischer Kämpfer mit einhergehendem Opfertod gelesen werden und bietet zugleich die gegensätzliche Interpretation eines »Ausdruck[s] unausweichlichen Ausgeliefertseins und völliger Hoffnungslosigkeit«[34]. *Die nackte Maja* entspricht weniger einer Venus, Aphrodite oder Nymphe und auch keiner Eva, nach Attributen sucht man vergebens. Sie ist eine Nackte, ein vermeintlich profaner Akt, und die Zuschreibung als Lustobjekt oder Prostituierte mag durchaus auch zur Diskussion stehen. Zudem trifft Buschs gegensätzliche Deutung – das Ausgeliefertsein – gleichermaßen auf Goyas Maja zu. Auch wenn sie sich einladend präsentiert, ist sie dem Blick der Betrachtenden unausweichlich ausgeliefert. Schaal überträgt dies anschaulich: Eine Puppe ist ein Spielzeug, eine Repräsentation, eine Dekoration. Und doch verleiht der eindringliche Blick ihr einen Charakter, der eine gewisse Distanz mit sich bringt. Und der »Aufständische«? Deutet die Künstlerin ihn um und setzt ihn stellvertretend, markiert durch seine abgetrennten Hände, für Übergriffigkeit ein? Zumindest verweist sie auf das Thema Frau und Mann, das sich in vielfältiger motivischer und szenischer Umsetzung durch ihr malerisches Werk zieht.

Als einen »Mentor«[35] bezeichnet Gude Schaal den expressionistischen Maler Karl Hofer (1878–1955). Beispielhaft werden hier dessen Aktdarstellungen herangezogen, denn Komposition, Körperhaltung und Beiwerk wie Hand- und Kopftücher, gelegentlich auch wenige malerische Aspekte, finden sich gleichermaßen in ihren Aktdarstellungen und weisen augenscheinlich Parallelen zu Hofer auf. Das Motiv der Frau bei der Toilette oder als profaner Akt etablierte sich unter anderem aus der Tradition von mythologischen Göttinnen, Nymphen oder biblischen Geschichten. Schaals Ölgemälde *Halbakt*[36] von 1968/79 zeigt eine Frau mit vor der Scham verschränkten Händen, die zugleich ein Handtuch um die Hüften geschlungen hat. Der verwischte Hintergrund in gedeckten Tönen von Grau über Blau bis hin zu Ocker, Braun und Rot mit einer gemalten horizontalen Trennlinie zum unteren Fünftel der Bildfläche, das in verschiedenen Grautönen gestaltet ist, lässt kaum Rückschlüsse auf eine Verortung zu. Die etwas undynamisch wirkende Figur ist leicht nach links versetzt und füllt die Bildhöhe fast bis zum oberen Rand aus. Insgesamt wirken gegenüber Hofers geformten und plastisch greifbar ausgestalteten Akten die unbekleideten Frauen bei Schaal stets etwas ungelenkig, ja mitunter sogar steif. Dennoch bleiben sie zugänglich und offen dafür, betrachtet zu

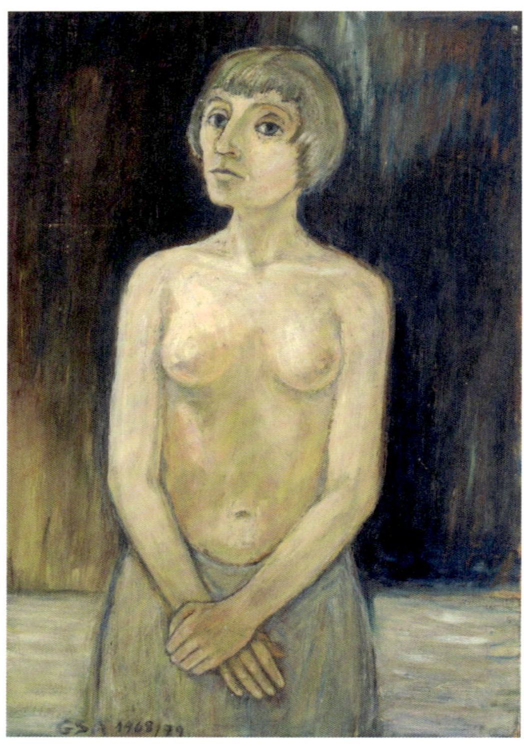
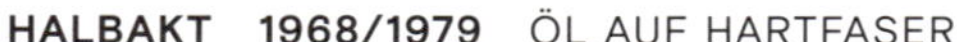

HALBAKT 1968/1979 ÖL AUF HARTFASER

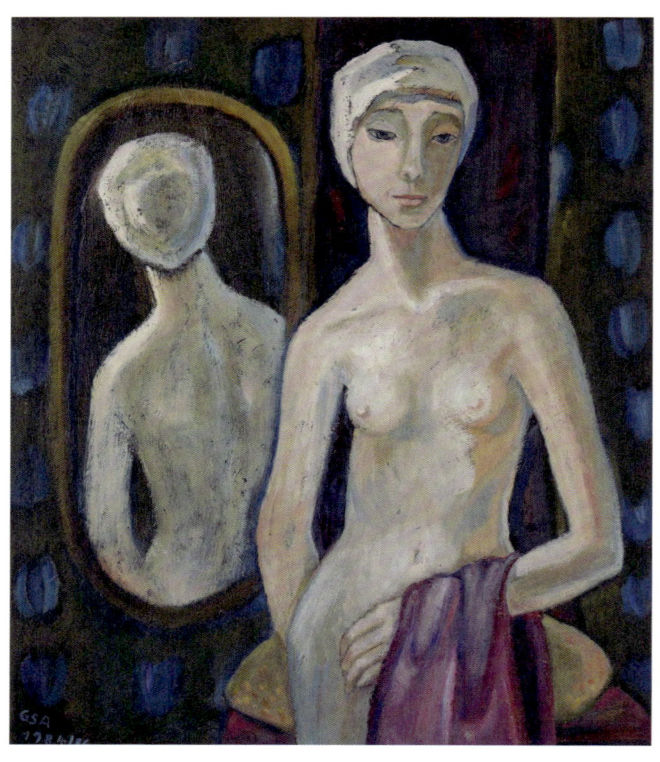

HALBAKT VOR SPIEGEL 1984 ÖL AUF HARTFASER

werden – dazu trägt sicherlich das Stilmittel des Spiegels bei, den sie im Hintergrund einfügt und somit eine Rückkoppelung nach außen hin zu uns Betrachtenden erzeugt.

Wie Frank Schmidt erörtert, orientierte sich Karl Hofer an Werken und Figurenauffassungen von Arnold Böcklin (1827–1901) und Hans von Marées (1837–1887), später auch von Cézanne und Picasso.[37] Werke der beiden Erstgenannten bezeichnet auch Schaal als »meine Favoriten«[38], die sie während des Nationalsozialismus und ihrer Studienzeit in München im Haus der Deutschen Kunst, dem heutigen Haus der Kunst, sah. Die Auseinandersetzung und Beschäftigung mit der Bildsprache anderer Künstler*innen sowie deren Adaption und Fortführung durch eine eigene Herangehensweise ist Teil künstlerischer Praxis. Es verwundert demnach nicht, dass auch Hofer derartige Gestaltungselemente übernahm und nach seiner Manier in seinen Werken einbrachte. Dabei aktivierte sich wohl ein Wiedererkennungseffekt bei Schaal und sie ließ sich sowohl durch Hofer selbst als auch durch dessen Vorbilder für ihre Werke inspirieren und verweist zitathaft auf diese. Insbesondere Schaals *Halbakt vor Spiegel*[39] von 1984 scheint die Beweglichkeit der Arme sowie den Malstil des Inkarnats von Hofe zu zitieren, während das Motiv an sich entfernt auch an Édouard Manets (1832–1883) Ölgemälde *Vor dem Spiegel*[40] von 1876 erinnert.

Freude an der Kunst

Mit fragmentarischen Ausschnitten von auf Papier reproduzierten Kunstwerken hat Gude Schaal mehrere Abzüge ihres 1977 entstanden Linolschnitts *Mutter und Kind* verfremdet: Mal sitzen HAP Grieshabers (1909–1981) Siamkatzen auf dem Schoß von Kind und Mutter, mal sind die beiden durch eine auf dem Stuhl sitzende Frau des Künstlers Amedeo Modigliani (1884–1920) oder einer Figur Paula Modersohn-Beckers ersetzt oder aber der Hintergrund des Linolschnitts ist überarbeitet und Mutter und Kind befinden sich in einer Tanzszene von Henri de Toulouse-Lautrec (1864–1901), mitten im Gemälde *Ball im Moulin Rouge*[41]. Hierbei handelt es sich um Collagen, die in ihrer Kombination durchaus auch humorvoll-ironisch einzuordnen sind. Schaal sucht und greift in den Vorlagen nach Schlüsselfiguren und Gestaltungselementen, die durch Wiedererkennung Künstler*innen zugeordnet werden können, aber zugleich einer veränderten Kontextualisierung unterliegen. Die Verfremdung der eigenen Vorlage sowie der Vorbilder schafft ein insgesamt neues Ganzes und in diesem Fall sogar ein auf sich selbst referenzierendes Werk von Kunst an sich. So lässt sich das im Linolschnitt verwendete Motiv von Mutter und Kind mit der fest in der Kunstgeschichte verwurzelten christlichen Darstellung von Madonna mit Kind in Verbindung bringen, die selbst schon verschiedensten Bedeutungsebenen unterliegt. Schaal erlaubt sich, ihre eigene Kunst weiterzuverwenden; gelegentlich hat sie ihre Gemälde sogar vollständig übermalt. Bei dem schon erwähnten *Halbakt* ist durch die Jahresangabe 1968/79 zumindest von einer Überarbeitung oder teilweisen Übermalung auszugehen. Nach ihrer eigenen Aussage fertige sie die Collagen »zum Zeitvertreib« an, weil man »nicht immer große Kunst« machen könne, aber »Spaß«[42] hatte sie auch dabei. Somit sind ihre Collagen Ausdruck einer Freude, die Gude Schaal mit und durch Kunst erlebte und die für ihr Kunstschaffen ein bedeutender Antrieb war.

1 Gude Schaal: *Sinnende*, 1977, Linolschnitt, 29,5 × 20,8 cm, Nachlass Gude Schaal, Reutlingen.

2 Die Druckgrafik hat in ihrer jahrhundertelangen Geschichte und den verschiedensten Techniken von Holz- über Linolschnitt bis hin zur manuellen und ätzenden Radierung des Tiefdrucks oder Flachdrucks immer wieder Abwertung erfahren, so war es die Wiederholbarkeit des Druckens, die ihren Unikatstatus infrage stellte. Nicht nur die händische Bearbeitung der Platte, sondern auch die händische Einfärbung und der händische Abzug (beispielsweise durch Reibung) bringen jedoch durchaus individuelle Aspekte und natürliche Abweichungen mit sich. Vgl. dazu Althaus, Karin: *Druckgrafik. Handbuch der künstlerischen Drucktechniken*, Zürich 2008, bes. S. 11–30.

3 Vgl. hierzu Gude Schaals Text *Mein Weg in die Malerei* von 2002 im vorliegenden Katalog, S. 8–15, bes. S. 14.

4 Einige der originalen Linoldruckstöcke sind noch erhalten und im Bestand des Nachlasses. Auch auf weiteren Abzügen anderer Motive konnten auf Anhieb keine notierten Auflagenhöhen gefunden werden.

5 Frans Masereel: *Idées noires*, 1929, Holzschnitt, Blattmaß: 63,9 × 49,3 cm, Kunstmuseum Reutlingen, Inv.-Nr. 04656.

6 Gudrun Dölker: *Sonne, See und Strand*, 1937, Faltblatt, Feder und Gouache, Blattmaß: 29,5 × 61 cm, Nachlass Gude Schaal, Reutlingen.

7 Frans Masereel: *Die Sonne. 63 Holzschnitte von Frans Masereel*, München 1926.

8 Vgl. Lawicki, Rainer: »Von der Suche nach dem Sinn des Lebens«, in: *Frans Masereel. Es gibt keine schönere Farbe als das Schwarz*, hrsg. von dems., Ausst.-Kat. Kunstmuseum Reutlingen 2021/22, Köln 2021, S. 27–39, hier S. 27 sowie S. 39, FN 2 und 3.

9 Schaal, Gude: *Meine Erinnerungen an die Lebens + Nazi-Zeit (1915–49)*, 5.7.2003, handschriftliches Manuskript, Nachlass Gude Schaal, Reutlingen, folio 60v.

10 Schaal, Gude: *Tagebuch*, 2002, Nachlass Gude Schaal, Reutlingen.

11 Schaal, Gude: *Tagebuch*, 1959, schwarzer Einband, Nachlass Gude Schaal, Reutlingen [Hervorhebung wie im Original]. Das Tagebuch wurde aus beiden Richtungen beschrieben.

12 Schaal, Gude: *Skizzen und Gedanken v. Gude Schaal*, gebundenes Heft, Grafitskizzen, handschriftliche Notizen mit Kugelschreiber und Tinte, ohne Jahr, vermutlich auf Spiekeroog entstanden, Nachlass Gude Schaal, Reutlingen. Der Text ist wohl aus einem Brief abgeschrieben, datiert auf 28.8.1971.

13 Ebd. In ihrem Text *Mein Weg in die Malerei* von 2002 (wie Anm. 3) ist der Satz ebenfalls wiedergegeben und Gude Schaal verweist darauf, diesen »mal gelesen zu haben«. Aus dem Skizzenbuch wird durch eine Ergänzung des Namens ersichtlich, dass die Aussage von der deutschen Autorin Ina Seidel stammt, deren Rolle, Ansichten und Nähe im und zum Nationalsozialismus kritisch zu diskutieren sind.

14 Vgl. dazu u. a. Reckwitz, Andreas: *Vom Künstlermythos zur Normalisierung Kreativer Prozesse: Der Beitrag des Kunstfeldes zur Genese des Kreativsubjekts*, 2012, in: https://whtsnxt.net/128 [15.4.2024].

15 Schaal 2002/2024 (wie Anm. 3), S. 15.

16 Erwähnenswert ist hier vor allem die Gegenüberstellung von Frau und Mann, die Gude Schaal einerseits durch die Motive und Kompositionen in ihren Gemälden verhandelt, andererseits äußert sie ihre Meinung und Ansichten auch in ihren Schriften über deren Verhältnis. Vgl. u. a. *Aufruf an die jungen Frauen!*, 9.6.2000, handschriftliches Manuskript, Nachlass Gude Schaal, Reutlingen oder *Ich bin froh, eine Frau zu sein*, 9.3.2009, Typoskript, Nachlass Gude Schaal, Reutlingen.

17 Gude Schaal: *Über Kunst*, August 2009, handschriftliches Manuskript, Nachlass Gude Schaal, Reutlingen.

18 Schaal 2003 (wie Anm. 9), folio 58.

19 Beide Zitate Schaal 2002/2024 (wie Anm. 3), S. 11. Gemeint ist der Maler und Maltechniker Max Doerner (1870–1939), der als Professor für Maltechnik an der Akademie in München lehrte und dessen Werk *Malmaterial und seine Verwendung im Bilde* 1921 erstmals erschien und international Anerkennung fand.

20 Schaal, Gude: *Tagebuch*, 1959, schwarzer Einband, Nachlass Gude Schaal, Reutlingen, Eintrag vom 1.7.1959.

21 Ulrich Hägele mit Gude Schaal im Gespräch: *Gude Schaal zum 85. 3. Dezember 2000*, Interview, Typoskript, Nachlass Gude Schaal, Reutlingen. Es existiert eine Audiokassette (und diese als Digitalisat) des Interviews im Nachlass.

22 Vgl. Schaal 2002/2024 (wie Anm. 3), S. 22.

23 Francisco de Goya: *La condesa de Chinchón*, 1800, Öl auf Leinwand, 216 × 144 cm, Museo del Prado, Madrid.

24 Gude Schaal: *Aus Goyas Welt (Gräfin Chinchon)*, 1978, Öl auf Hartfaser, 89,5 × 64 cm, Nachlass Gude Schaal, Reutlingen.

25 Gude Schaal: *Maja-Variation*, 1978, Öl auf Hartfaser, 90 × 75 cm, Nachlass Gude Schaal, Reutlingen. Das Gemälde hatte Schaal ursprünglich verkauft und laut Unterlagen im Nachlass war es in der Polizeistation Orschel-Hagen (Ortsteil von Reutlingen) untergebracht. Später hat sie das Gemälde beim Käufer ausgetauscht und so kam es zurück in ihren Besitz. Die genauen Umstände und Gründe konnten aktuell leider nicht in Erfahrung gebracht werden. An dieser Stelle vielen Dank für die Auskünfte an Friedhild Blumtritt-Stöhr (Regierungspräsidium Tübingen) und Andrea Kopp (Polizeipräsidium Reutlingen).

26 Francisco de Goya: *El 3 de mayo en Madrid o »Los fusilamientos«*, 1814, Öl auf Leinwand, 268 × 347 cm, Museo del Prado, Madrid.

27 Francisco de Goya: *La maja desnuda*, 1795–1800, Öl auf Leinwand, 97,3 × 190,6 cm, Museo del Prado, Madrid. Es existiert eine weitere Version des Motivs, das auch als Gegenstück bezeichnet werden kann, jedoch ist diese Maja bekleidet: Francisco de Goya: *La maja vestida*, 1800–07, Öl auf Leinwand, 94,7 × 188 cm, Museo del Prado, Madrid.

28 Busch, Werner: »Das Pathos der Sinnlosigkeit. Moderne Geschichtserfahrung in Francisco Goyas ›Erschießung der Aufständischen‹«, in: Fleckner, Uwe (Hrsg.): *Bilder machen Geschichte. Historische Ereignisse im Gedächtnis der Kunst*, Berlin 2014 (= Studien aus dem Warburghaus, Bd. 13), S. 221–233, hier S. 229.

29 Vgl. zur Kopie beispielhaft Bahr, Amrei: *Was ist eine Kopie?*, Hamburg 2022 oder Dreier, Thomas und Oliver Jehle (Hrsg.): *Original – Kopie – Fälschung*, Baden-Baden 2020 (= Bild und Recht – Studien zur Regulierung des Visuellen, Bd. 3).

30 Vgl. Brinkmann, Franziska: »Formen der Kopie von der Fälschung bis zur Hommage – Eine Begriffsbestimmung und ihre Grenzen«, in: Dreier/Jehle 2020 (wie Anm. 29), S. 57–104.

31 Zur Hommage fasst Brinkmann zusammen: »Als rein wertender Ausdruck lässt sich die Hommage mit den anderen hier vorgestellten Termini nicht synonym verwendet. So kann ein Pastiche eine Hommage sein, aber theoretisch kann auch eine Fälschung, Fake oder Hoax als eine Hommage angesehen werden. Die Hommage wird daher auch einfach als die ehrende Form des Zitats verstanden.« Brinkmann 2020 (wie Anm. 30), S. 70.

32 Vgl. ebd., S. 72/73.

33 Schaal, Gude: *Tagebuch II*, 1960/61, schwarzer Einband, Nachlass Gude Schaal, Reutlingen, Eintrag vom 4.3.1961.

34 Busch 2014 (wie Anm. 28), S. 229/230.

35 Schaal 2002/2024 (wie Anm. 3), S. 12.

36 Gude Schaal: *Halbakt*, 1968/79, Öl auf Hartfaser, 74 × 52 cm, Nachlass Gude Schaal, Reutlingen.

37 Vgl. Schmidt, Frank: »Vom ›heilig Nüchternen‹. Hofers Figurenauffassung am Beispiel der Aktdarstellung«, in: *Karl Hofer: Vom Lebensspuk und stiller Schönheit*, hrsg. von Katharina Henkel, Ausst.-Kat. Kunsthalle Emden, Köln 2012, S. 92–113, hier S. 92/93.

38 Schaal 2002/2024 (wie Anm. 3), S. 11.

39 Gude Schaal: *Halbakt vor Spiegel*, 1984, Öl auf Hartfaser, 90 × 80 cm, Nachlass Gude Schaal, Reutlingen.

40 Édouard Manet: *Devant la Glace*, 1876, Öl auf Leinwand, 93 × 71,6 cm, Thannhauser Collection, Solomon R. Guggenheim Museum, New York.

41 Henri de Toulouse-Lautrec: *La Danse au Moulin-Rouge*, 1889/90, Öl auf Leinwand, 115,6 × 149,9 cm, The Henry P. McIlhenny Collection, Philadelphia Museum of Art, Philadelphia.

42 Alle Zitate Schaal 2002/2024 (wie Anm. 3), S. 14.

1964 – 2010

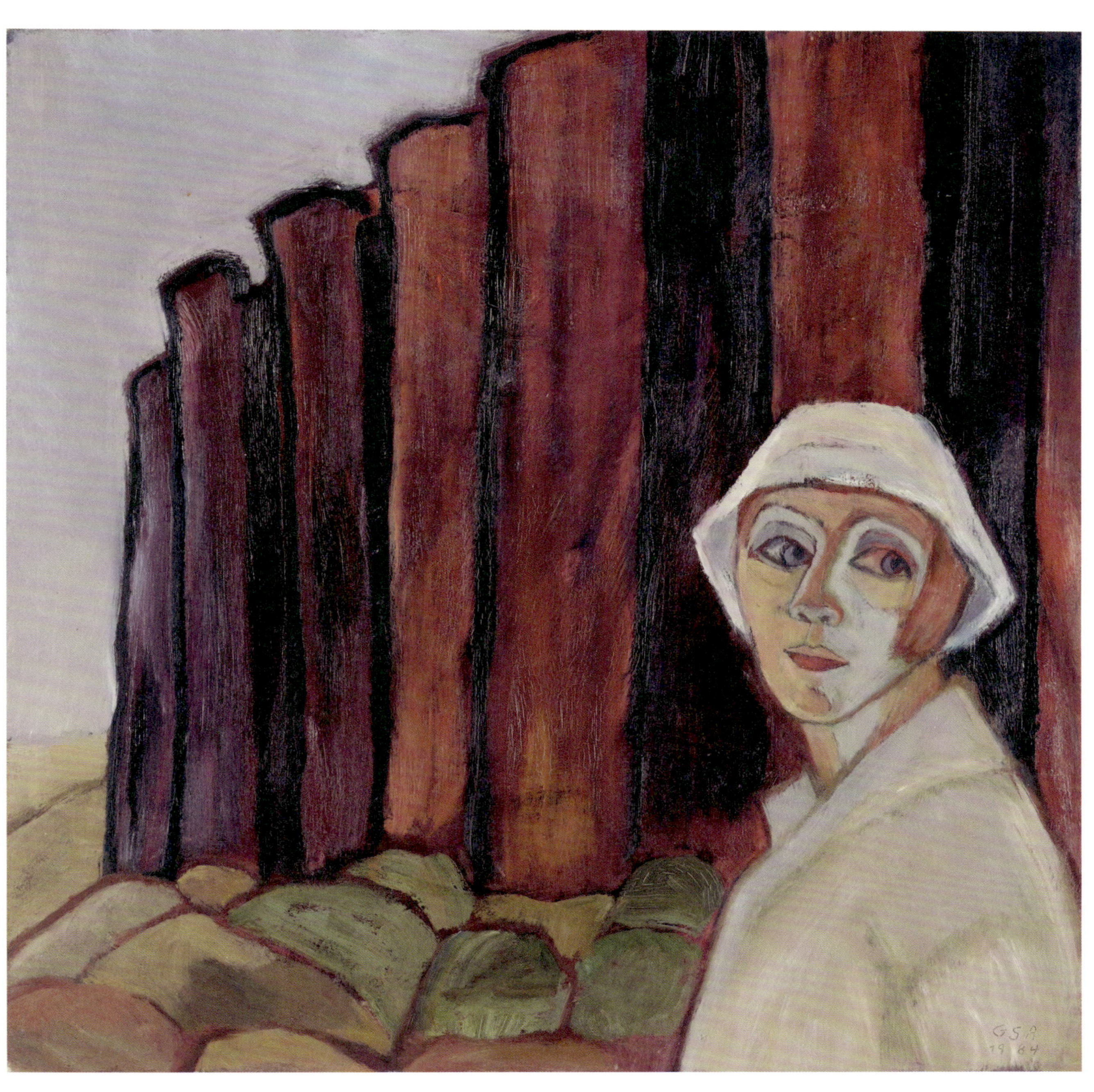

VOR DER BOHLENWAND 1984 ÖL AUF HARTFASER

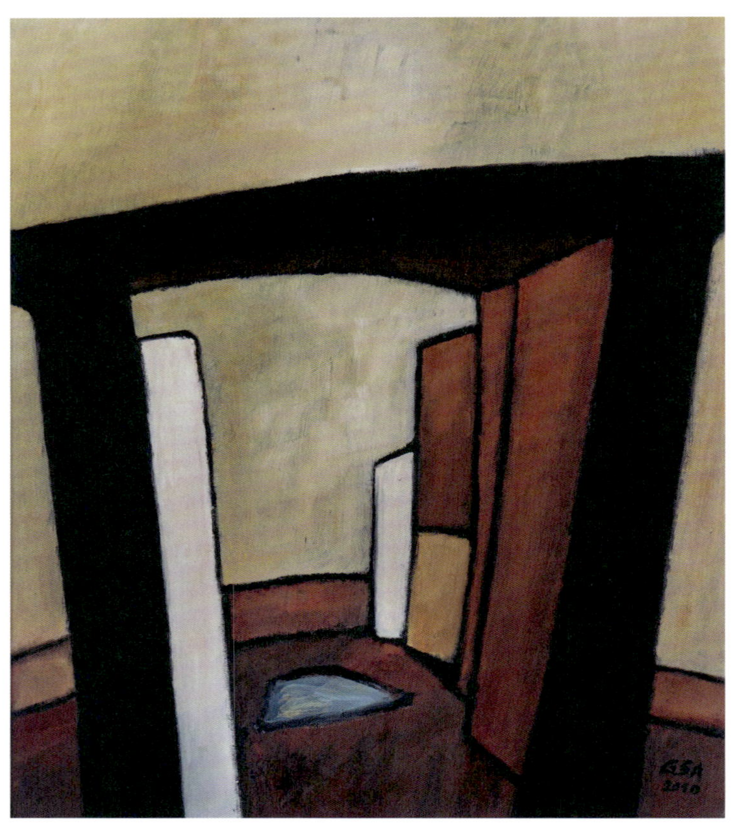

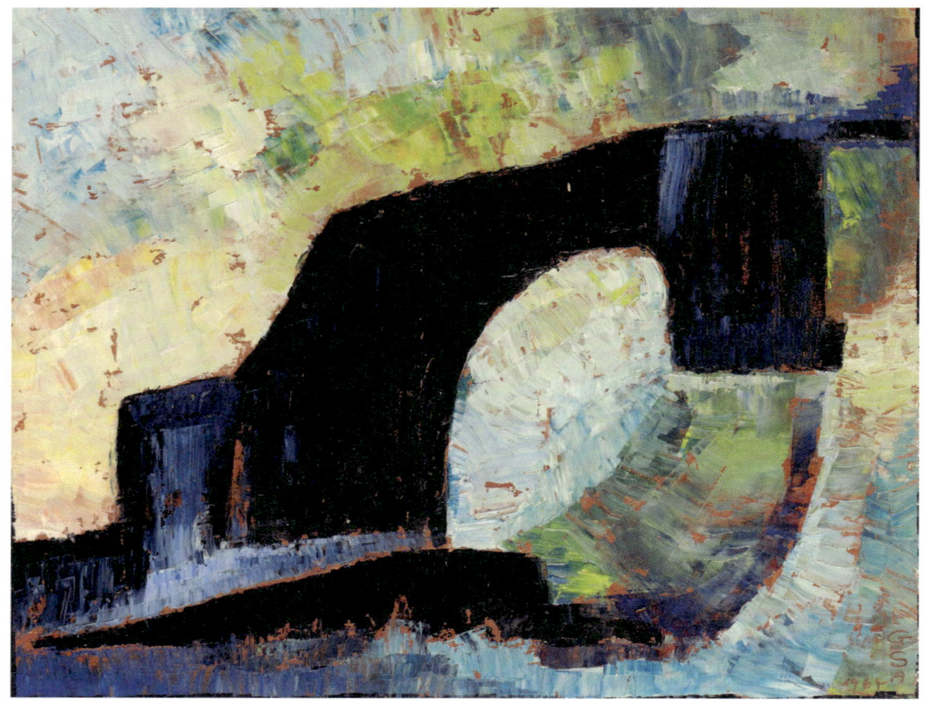

BRÜCKE 1964 ÖL AUF HARTFASER

BRÜCKE II 2010 ÖL AUF HARTFASER

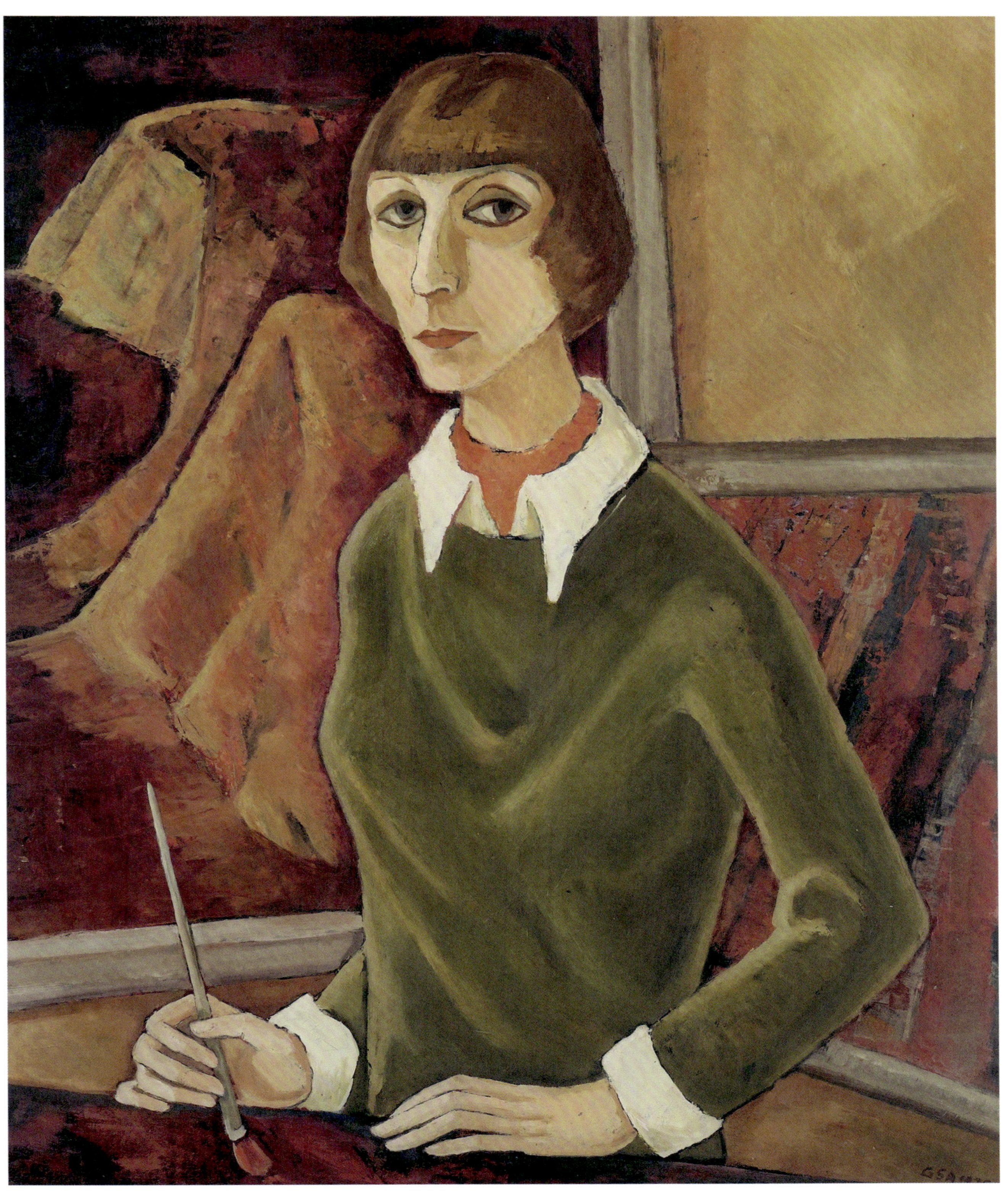

IM ATELIER 1975 ÖL AUF HARTFASER

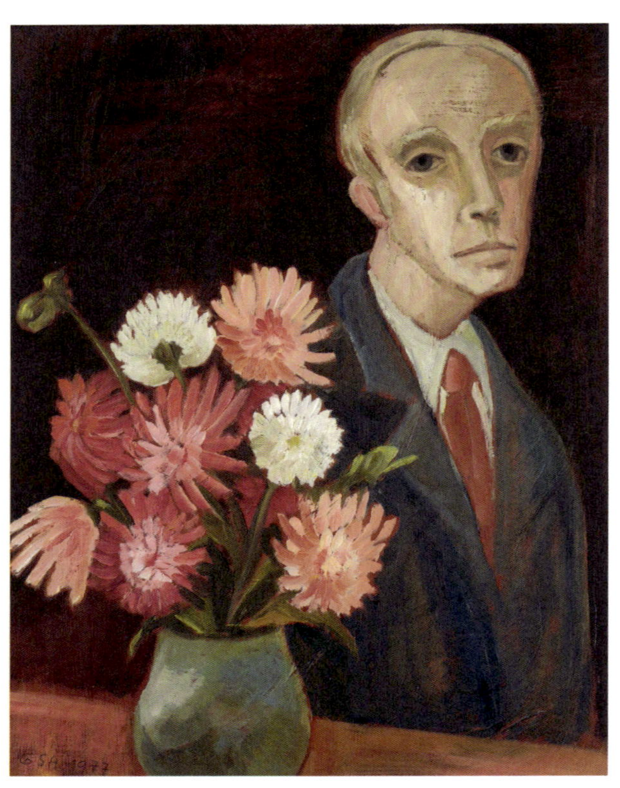

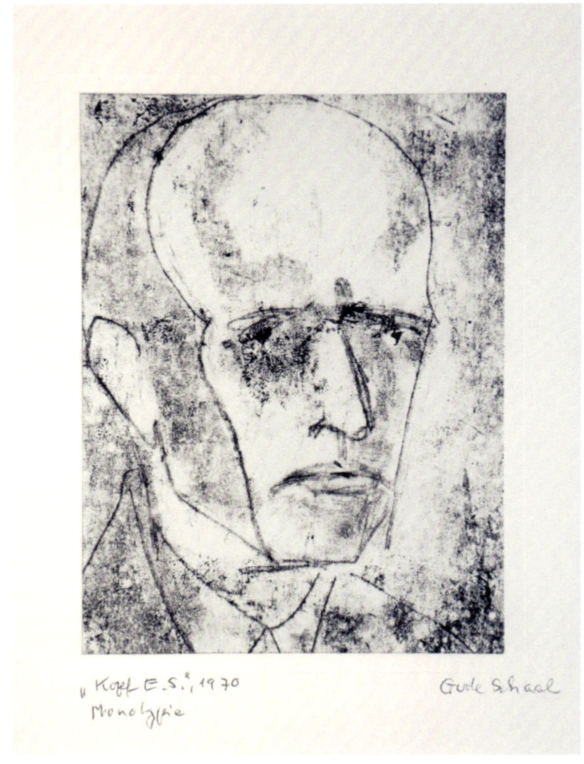

 MIT HERBSTBLUMEN (EUGEN SCHAAL) 1977 ÖL AUF HARTFASER

KOPF E. S. 1970 MONOTYPIE

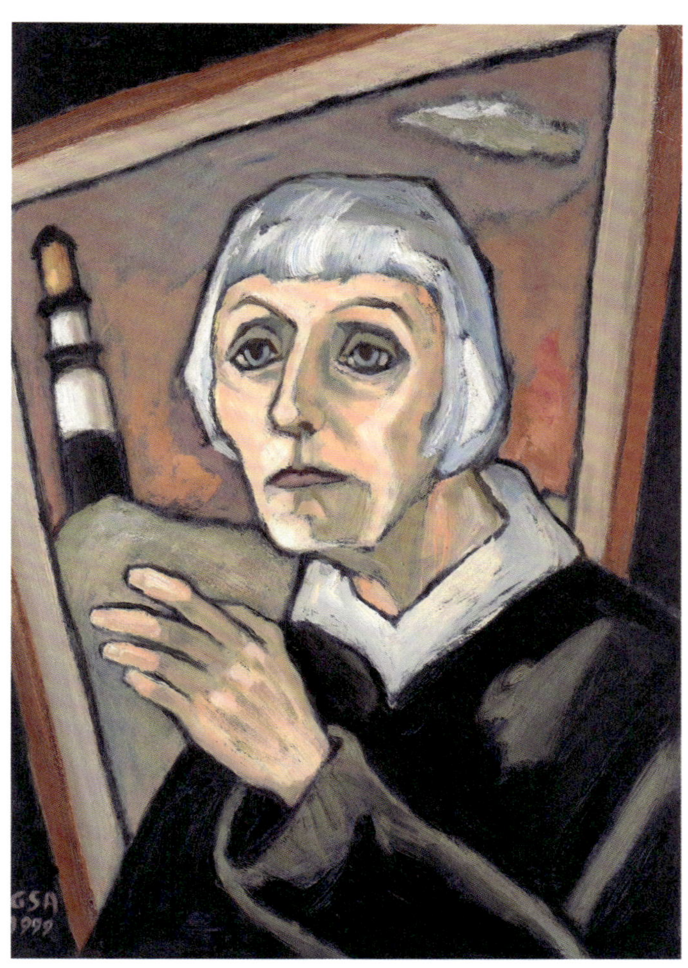

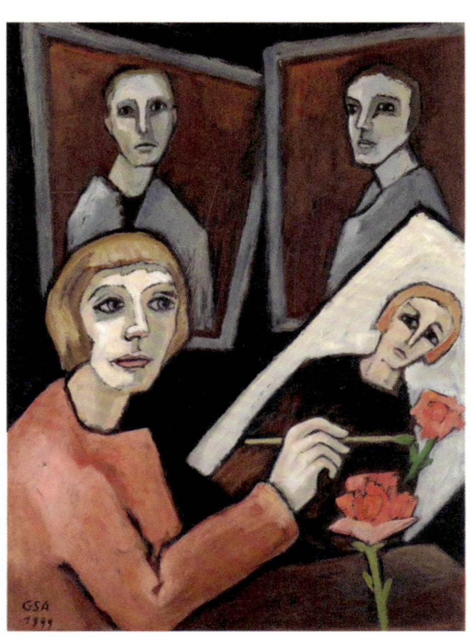

RÜCKBLICK 1999 ÖL AUF HARTFASER

WUNSCHBILD 1999 ÖL AUF HARTFASER

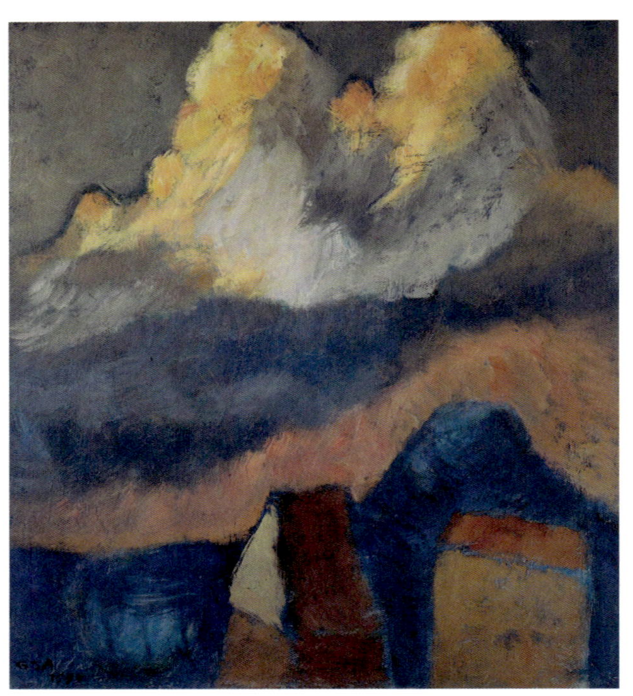

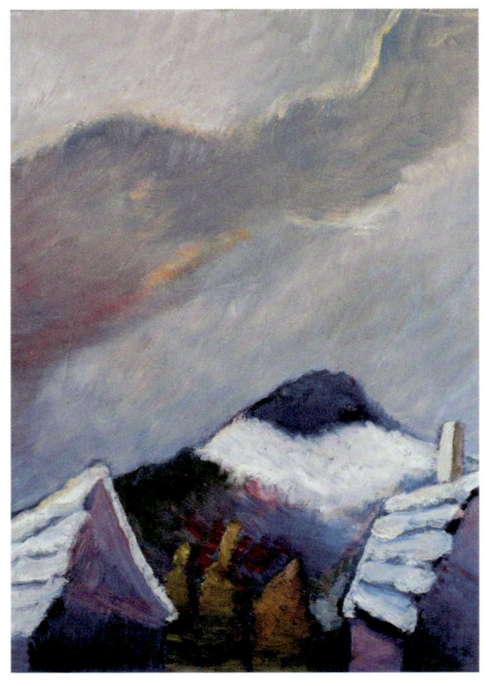

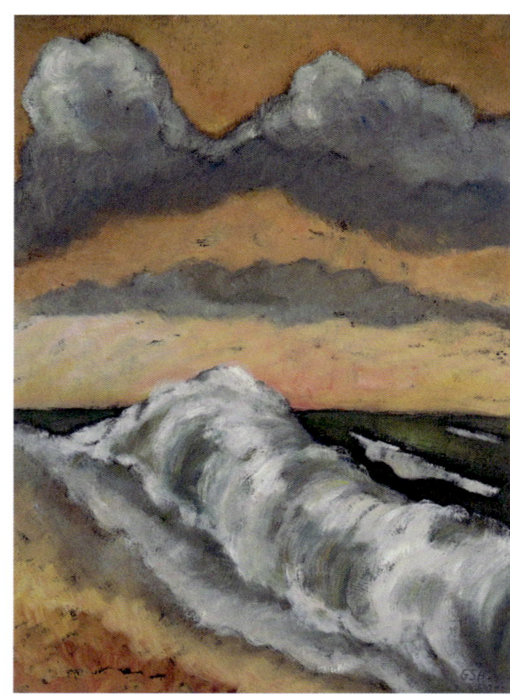

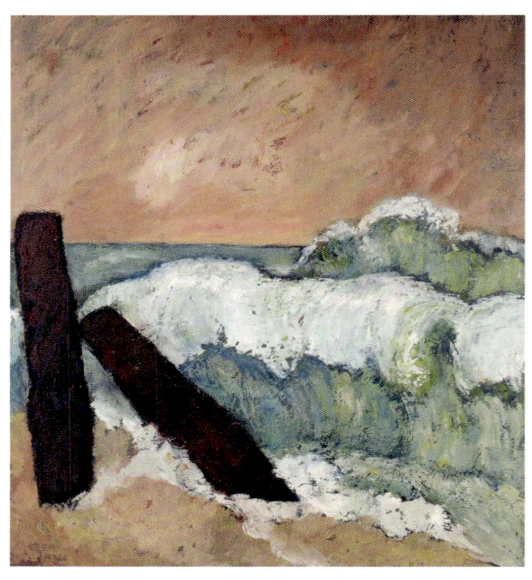

ABENDWOLKEN ÜBER DER STADT **1997** ÖL AUF HARTFASER
GROSSE WOGEN II **1996** ÖL AUF HARTFASER

ACHALM IM SCHNEE **1986** ÖL AUF HARTFASER
BRECHER AM UFER **2001** ÖL AUF HARTFASER

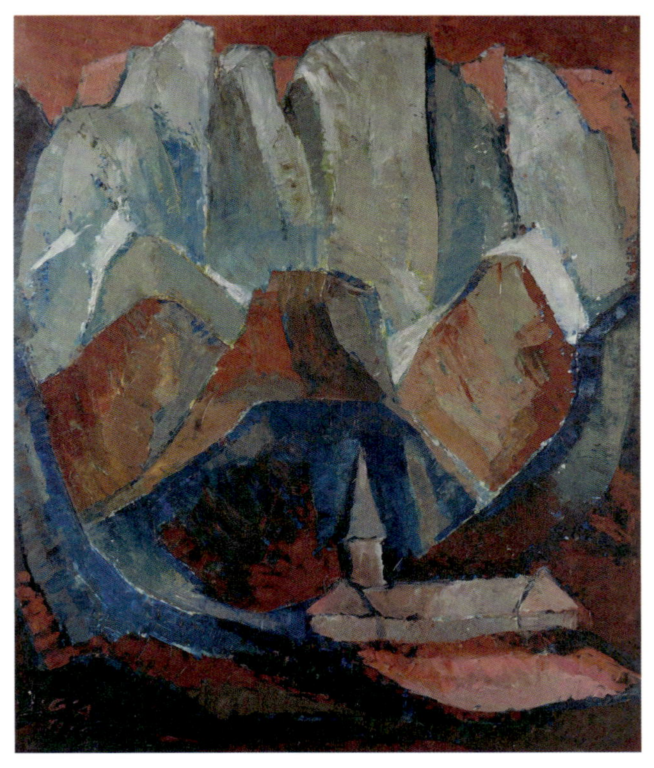

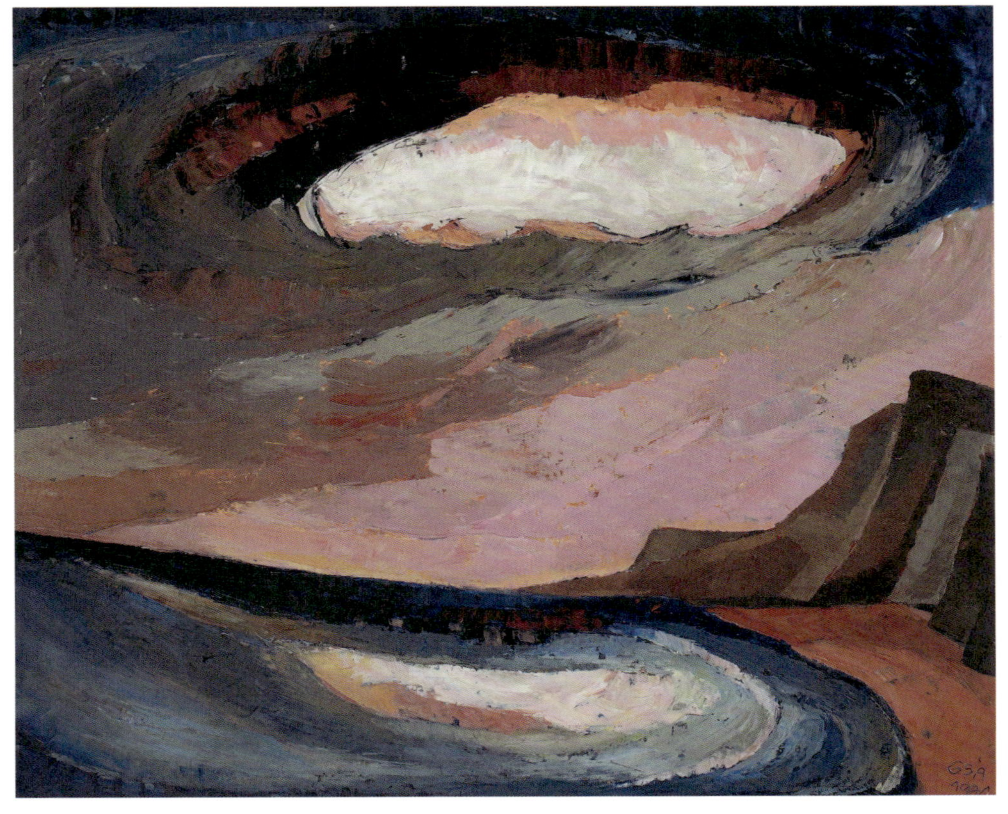

SCHLOSS ELMAU 1971 ÖL AUF HARTFASER
ABENDWOLKE 1971 ÖL AUF HARTFASER

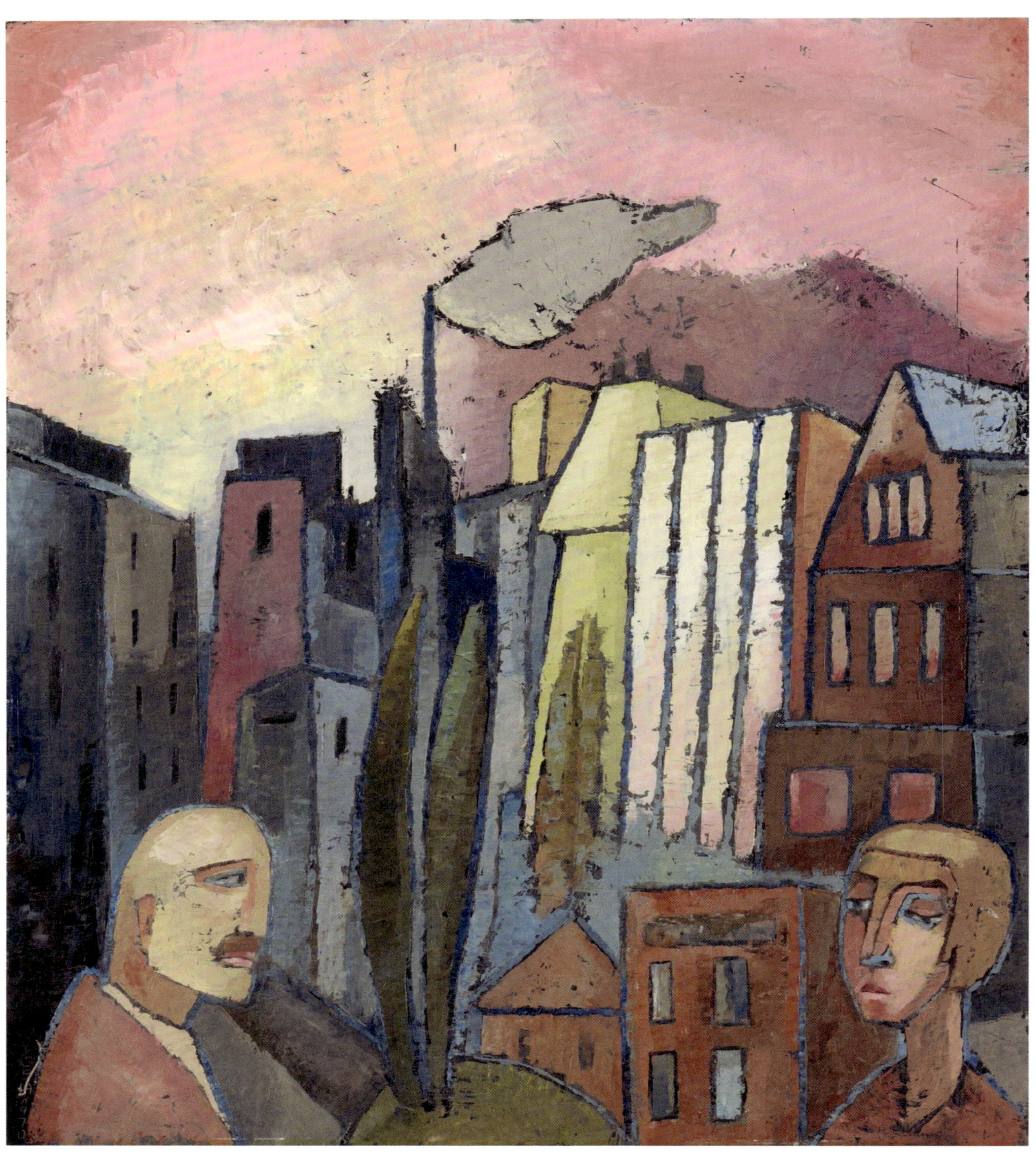

GROSSSTADT 1970 ÖL AUF HARTFASER

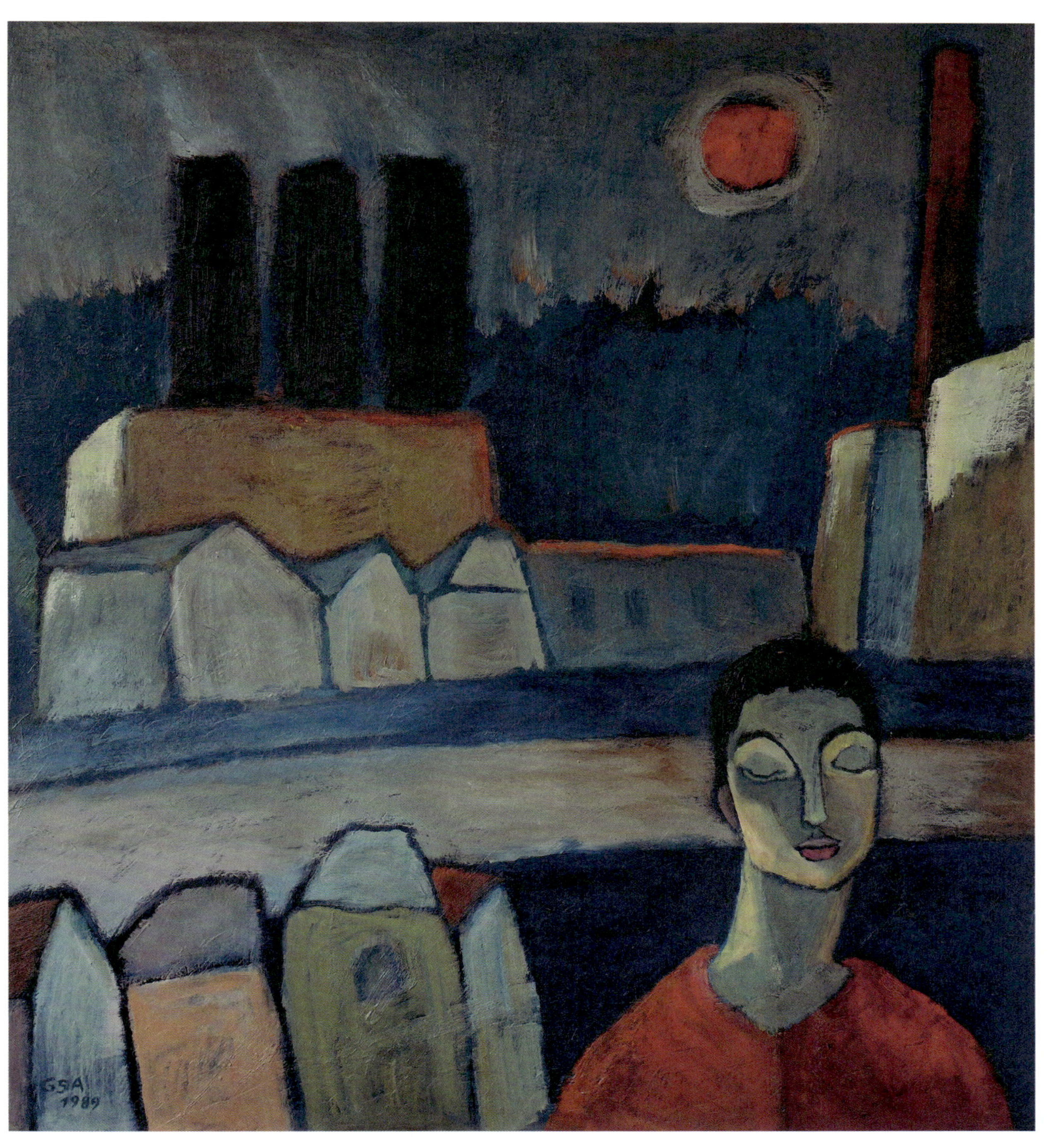

GETRÄUMTE STADT 1989 ÖL AUF HARTFASER

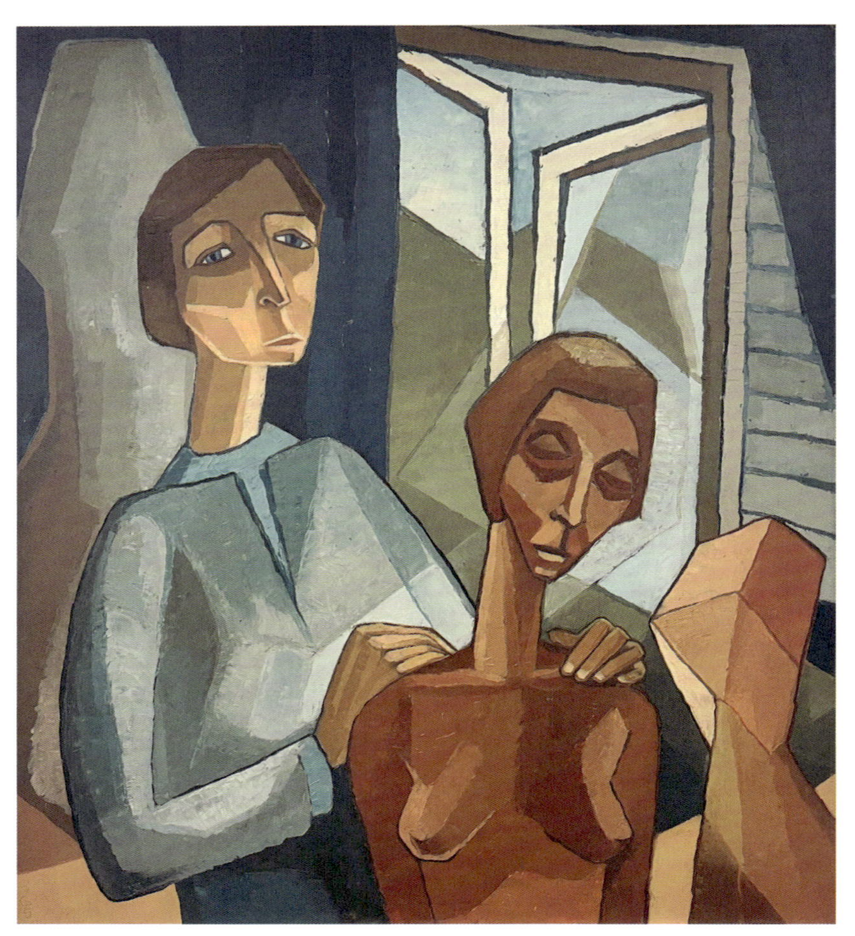

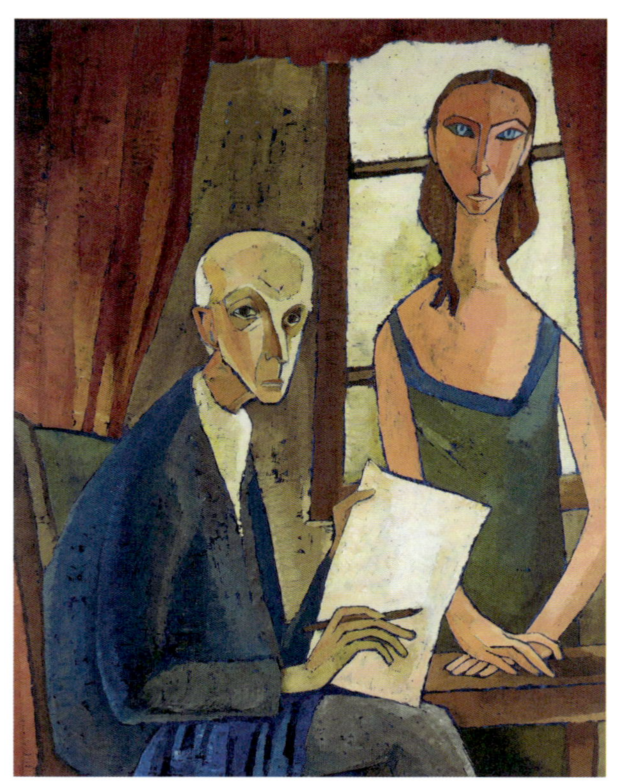

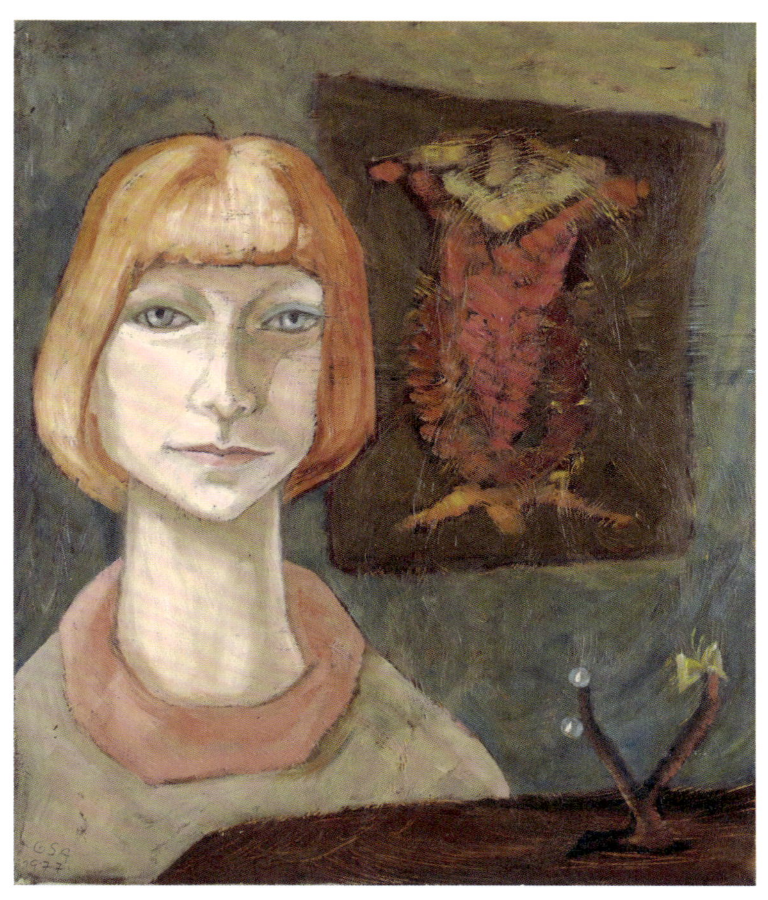

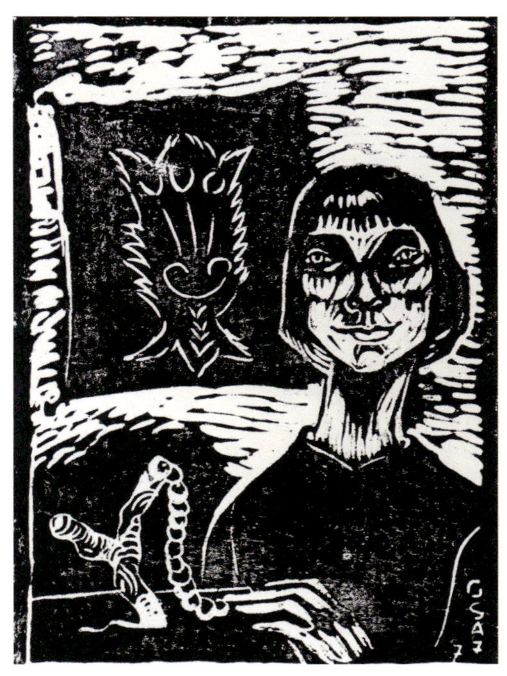

BILDHAUERIN 1970 ÖL AUF HARTFASER
ALTER MALER 1970 ÖL AUF HARTFASER
GOLDSCHMIEDIN (USCHI KLÜPPEL) 1977 ÖL AUF LEINWAND
GOLDSCHMIEDIN 1977 LINOLSCHNITT

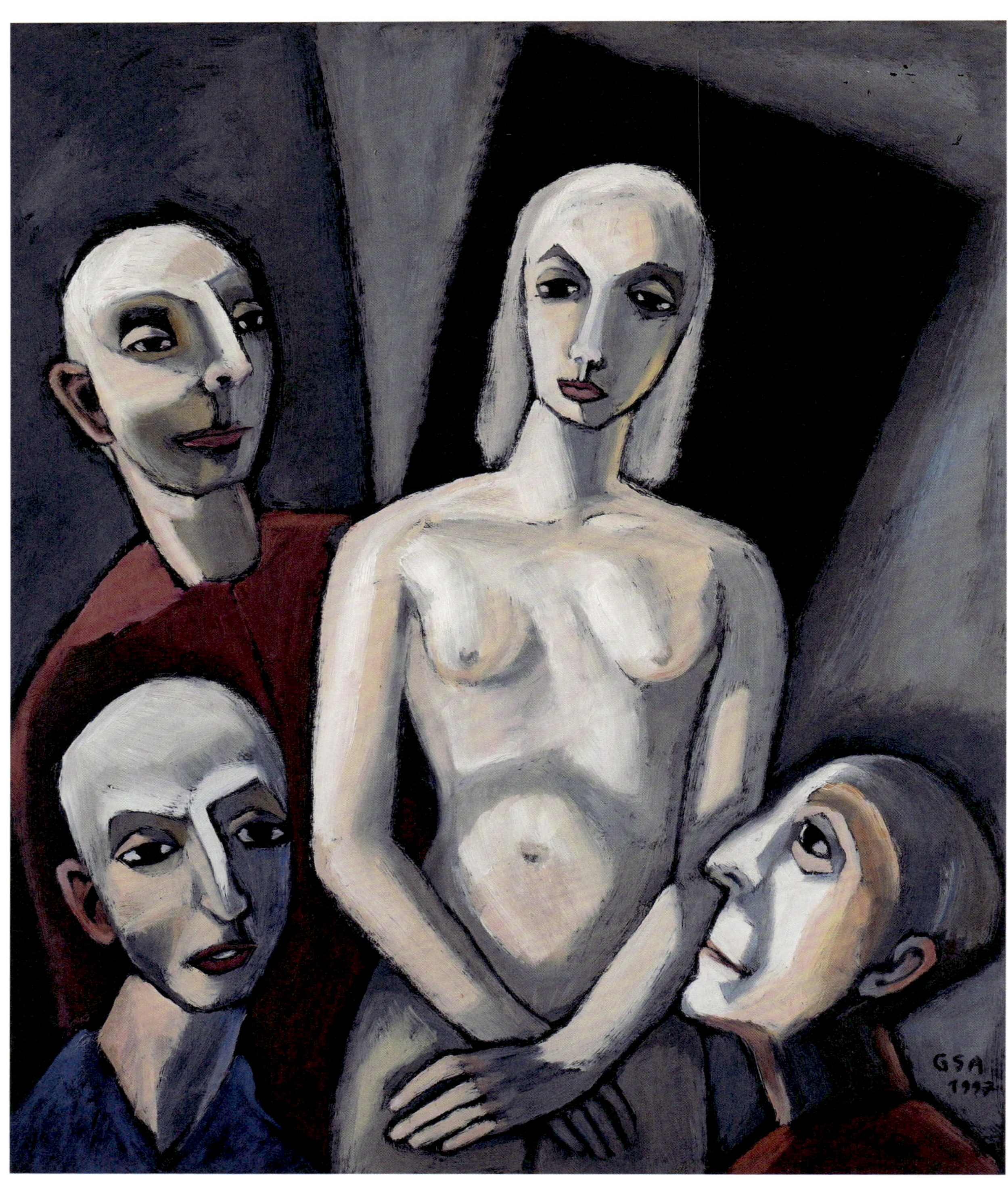

AKTKURS **1997** ÖL AUF HARTFASER

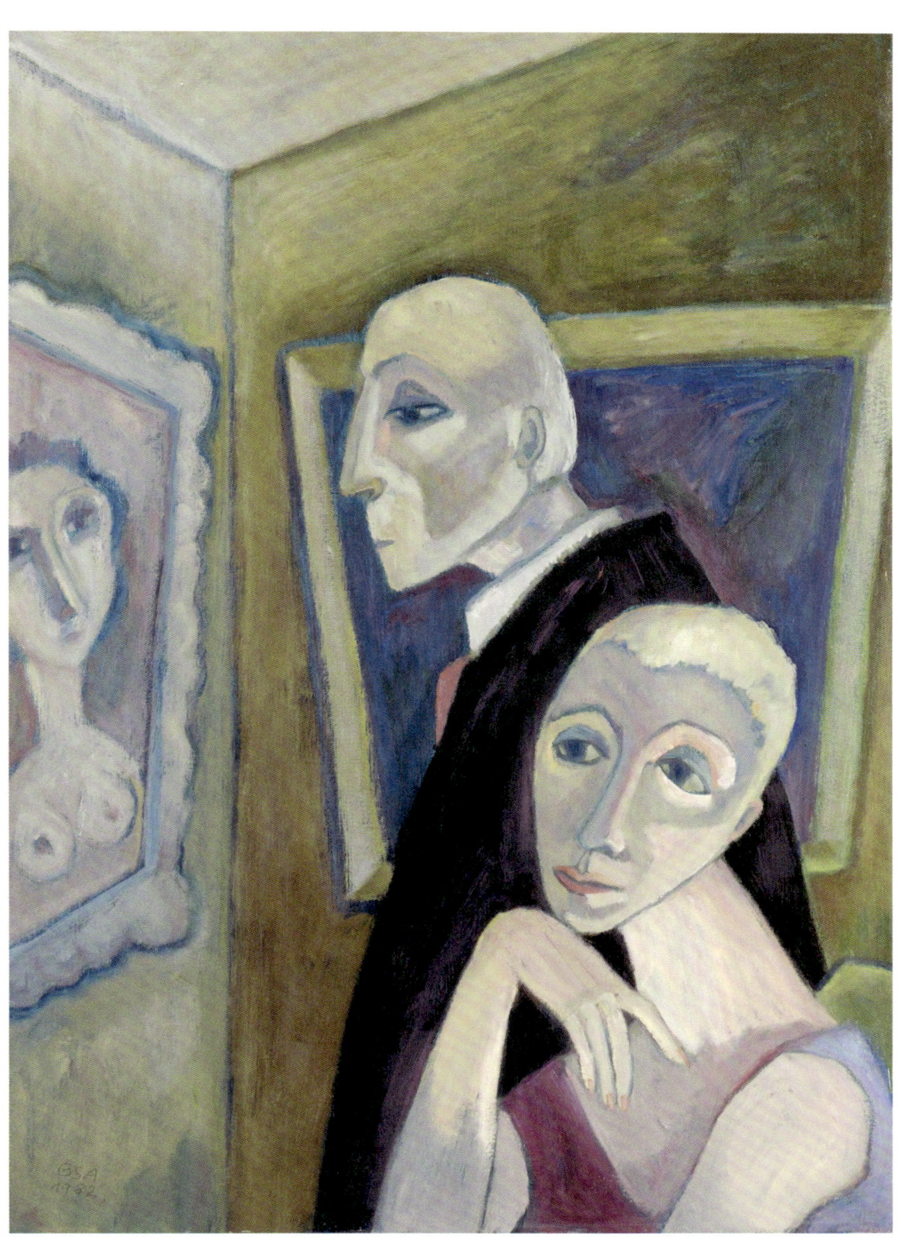

DER KENNER **1982** ÖL AUF HARTFASER

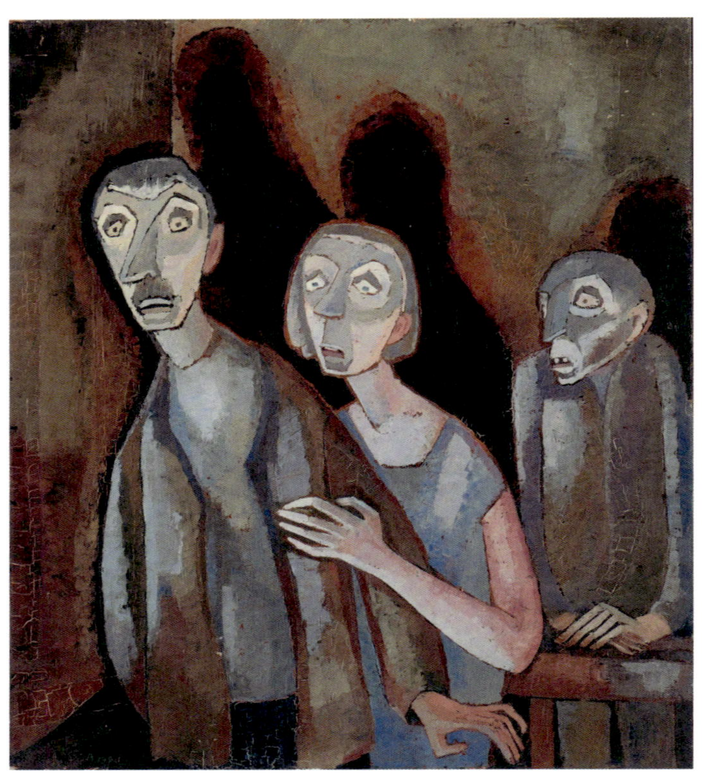

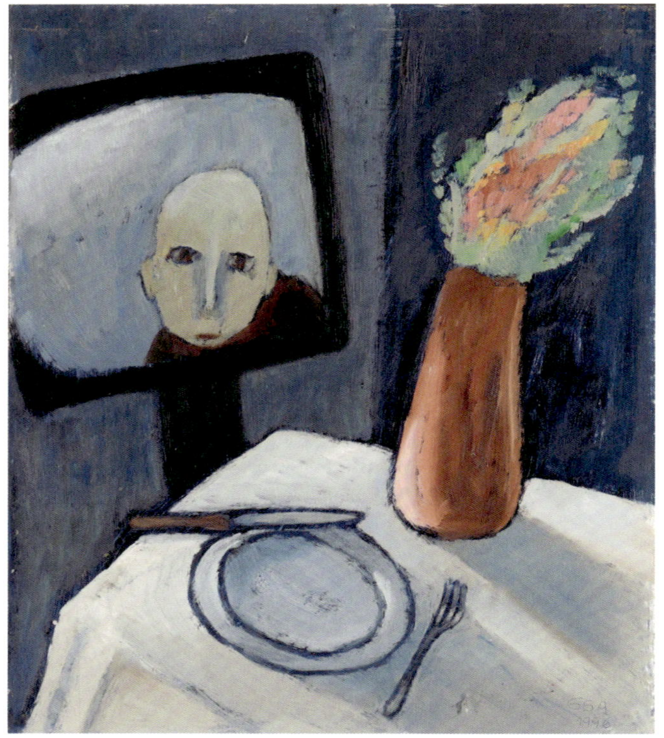

FERNSEHER 1970 ÖL AUF HARTFASER

FERNSEHABEND 1996 ÖL AUF HARTFASER

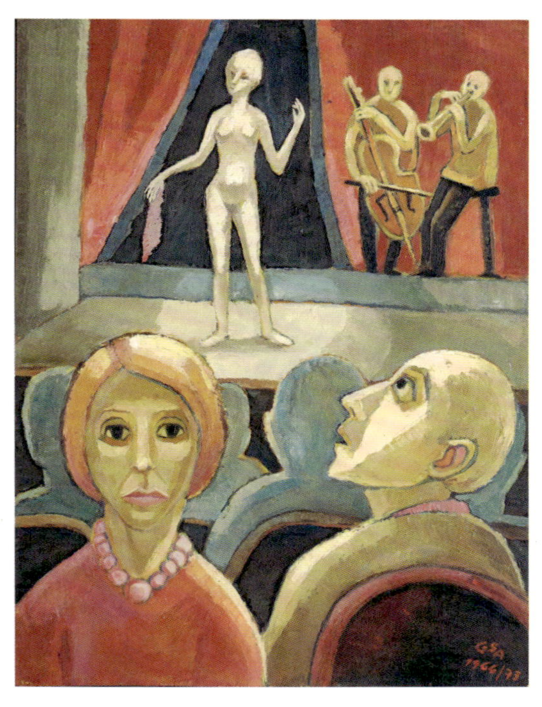

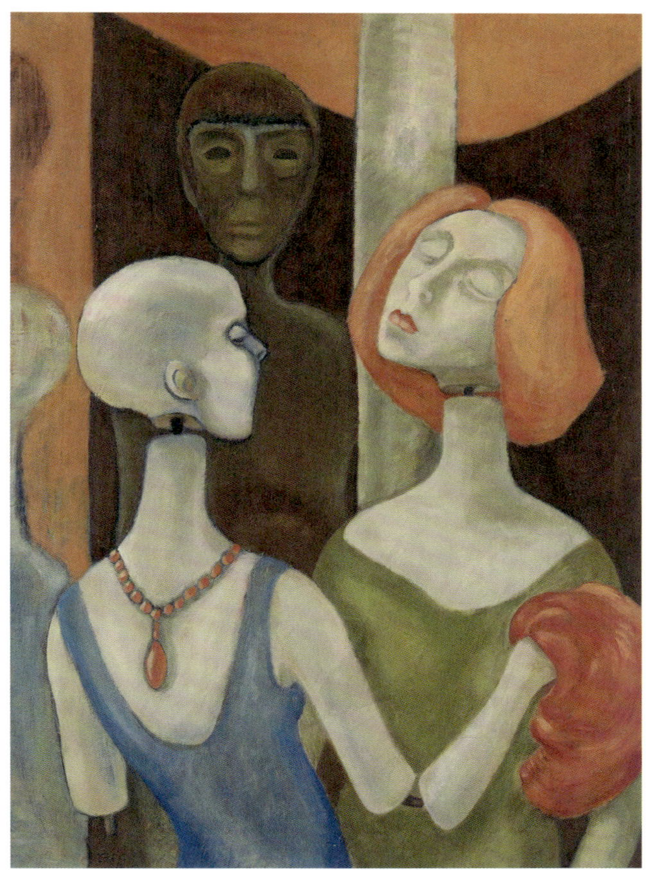

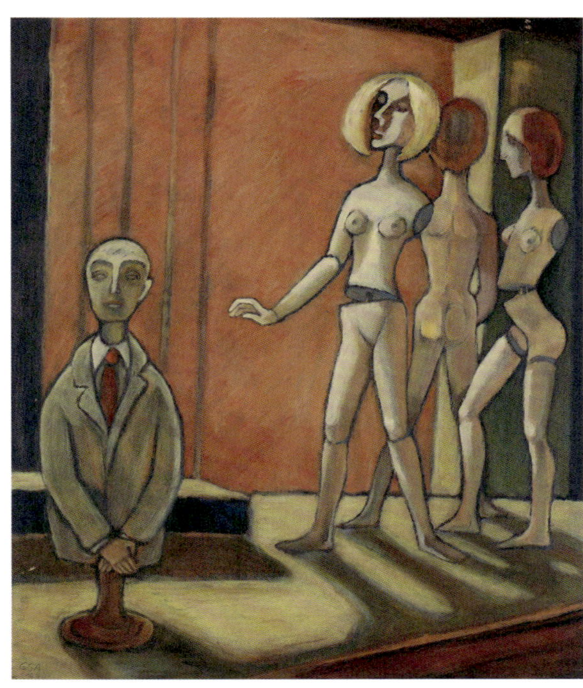

STRIPTEASE 1966/1975 ÖL AUF HARTFASER
MODEPUPPEN 1975 ÖL AUF HARTFASER
PARIS-URTEIL IM SCHAUFENSTER 1974 ÖL AUF HARTFASER

KONFERENZ MIT PUPPE **1981** ÖL AUF HARTFASER

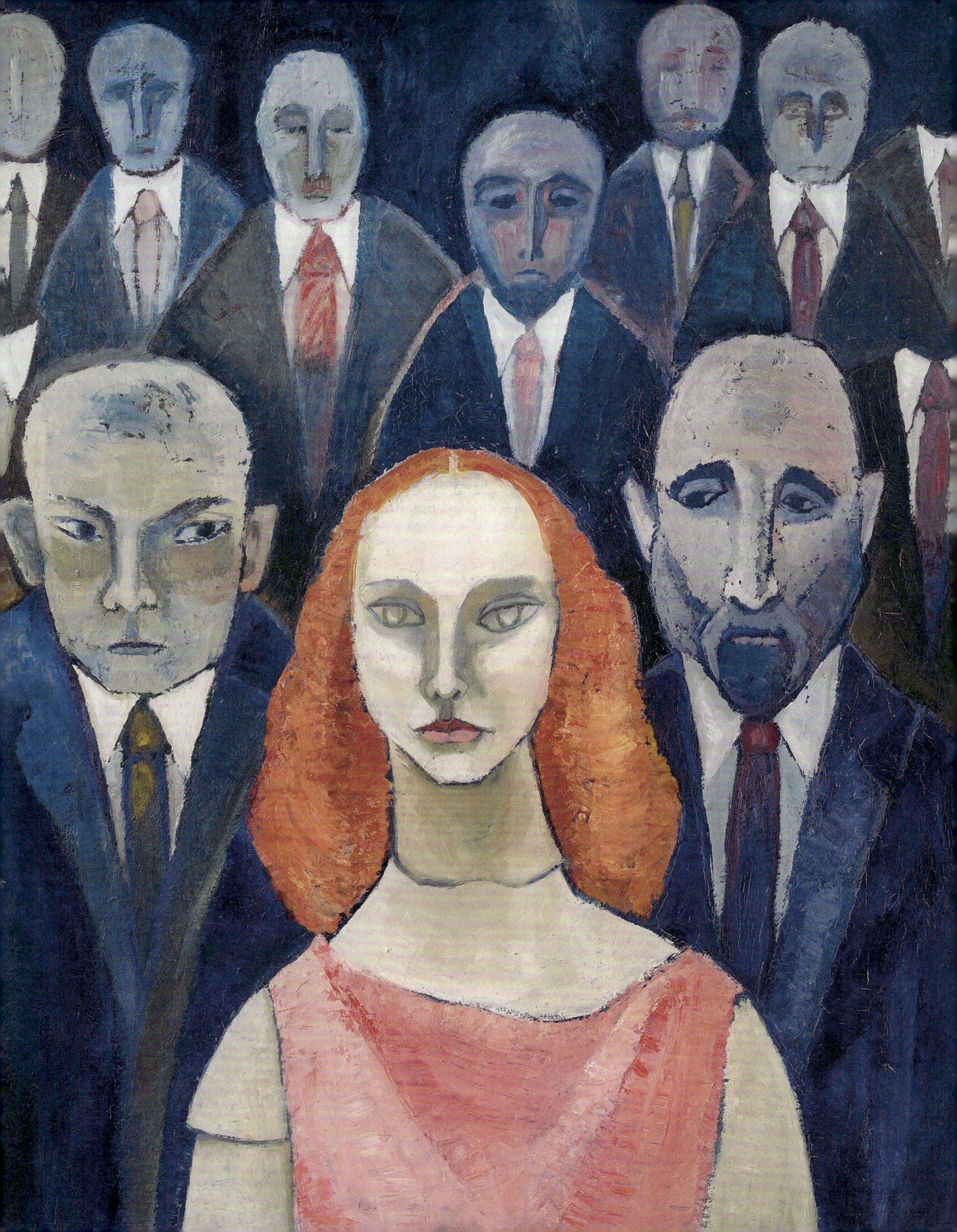

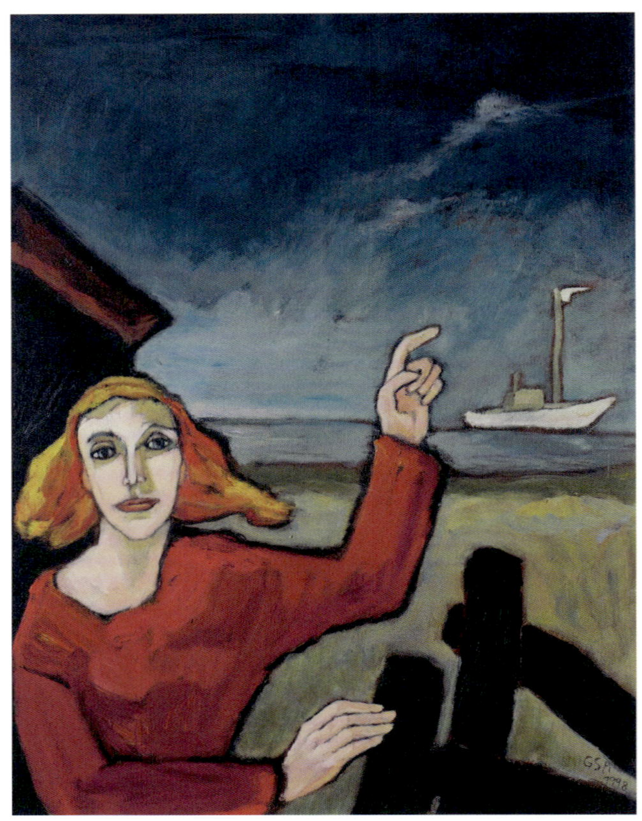

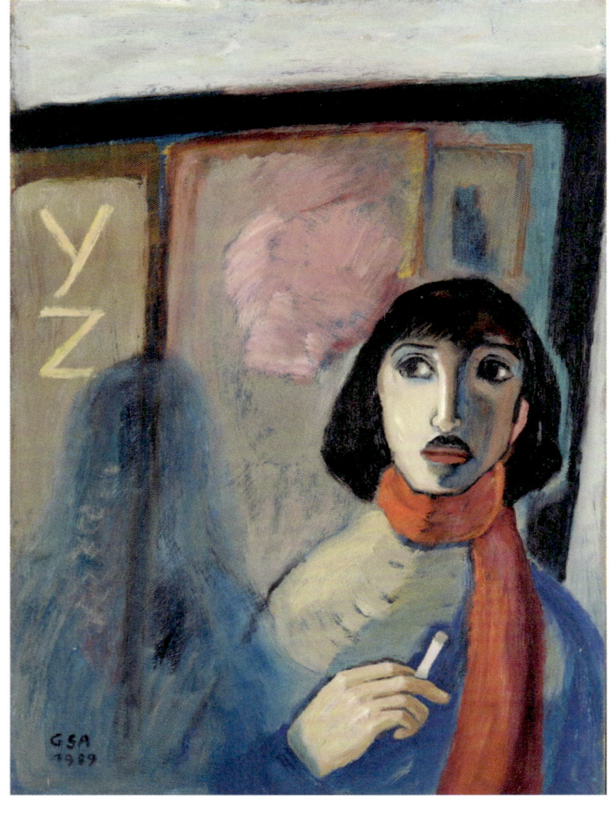

TREFFPUNKT 1989 ÖL AUF HARTFASER

FINGERZEIG 1998 ÖL AUF MALKARTON

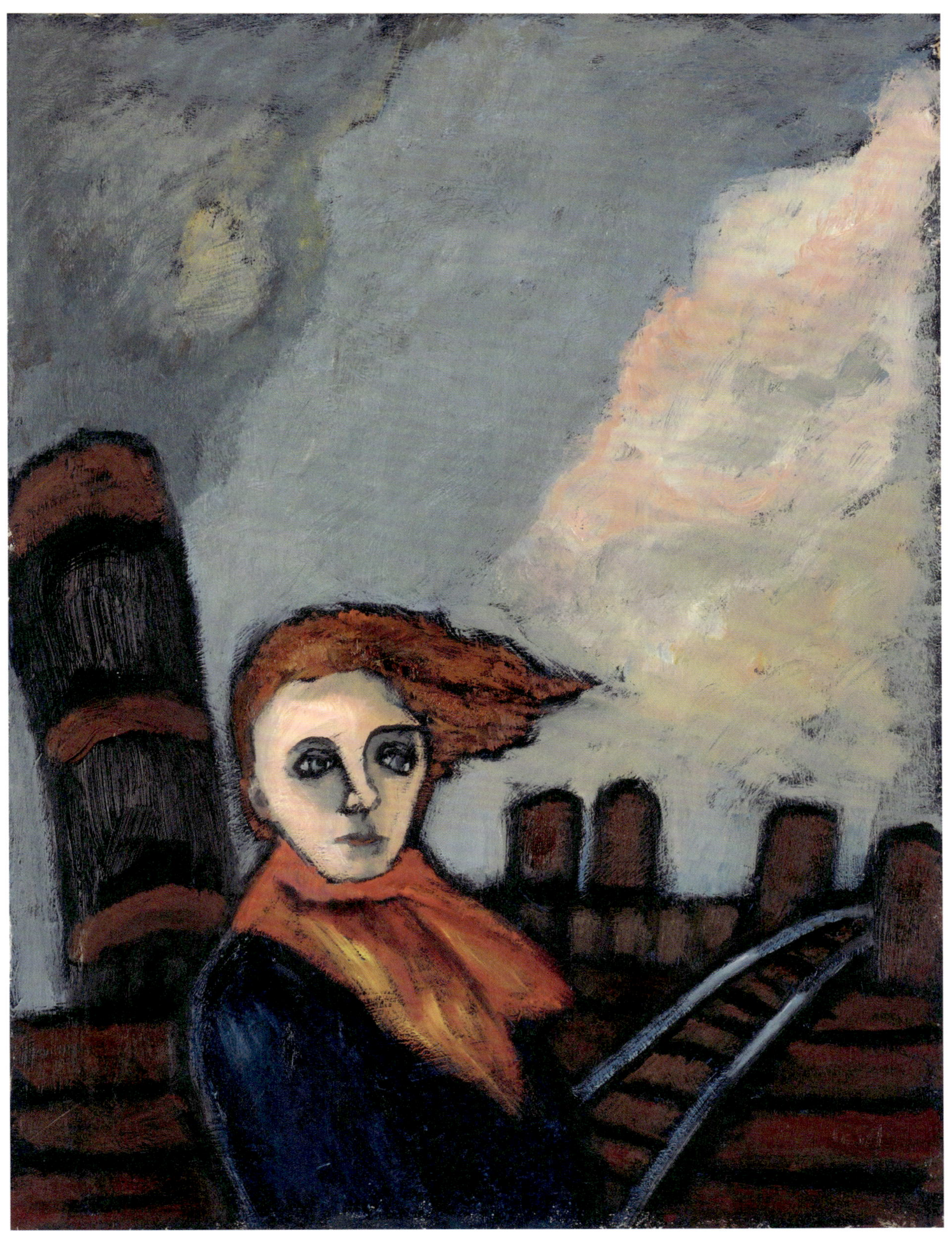

AM ALTEN ANLEGER 2008 ÖL AUF HARTFASER

Über Gude Schaal:
»woher nimmt diese überzarte, kränkliche Frau die Kraft zu solchen Bildern, die Glut solcher Farben?«[1]

Rainer Lawicki

»Erst in der Krankheitszeit – ein völliger Erschöpfungszustand von Körper und Seele – lernte ich moderne Kunst kennen und verstehen. Ich bekam ein kleines Buch in die Hände mit farbigen Nolde-Bildern – mir gingen die Augen auf wie einem Blindgewesenen. Mit Stiften, mit Wasserfarben die ersten Versuche, ab 1960 dann fast nur noch Öl, die starken, warmen Farben. Und in den Formen frei und expressiv, wie meine ersten Vorbilder, bis ich dann in meine Welt und meinen eigenen Stil kam. Und diese Welt war ja in grossen Teilen meine Heimat, die ich verlassen hatte und die ich mir nun in meinen Meerbildern wieder erschaffen konnte.«[2]

1956 beginnt – nach ihrem körperlichen und seelischen Zusammenbruch – der zweite künstlerische Lebensabschnitt von Gude Schaal, 14 Jahre nach ihrer Heirat und Übersiedlung nach Reutlingen. Sie hatte sich 1942 abrupt von ihrer Profession als Illustratorin verabschiedet, als sie sich rückhaltlos in das neue Dasein als Ehe- und Hausfrau sowie als Mutter begab. In ihrem Tagebucheintrag vom 21. April 1950 beschreibt Schaal, dass sie mit der Abwendung von der Kunst den Sinn ihres Lebens verloren habe, die Hoffnungen und Pläne der Jugend, um schließlich an den selbst gesetzten häuslichen und familiären Ansprüchen zu scheitern und ihre Seele zu verlieren.[3]

»Den entscheidenden Satz aber sprach meine Schwiegermutter, als sie eines Tages zu mir sagte: ›Jetzt, Gude, lass mal die Kunst und werde erstmal eine gute schwäbische Hausfrau.‹ Da gingen mir die Augen auf, was von mir erwartet wurde und ich begriff auch, dass mein lieber Mann anderes brauchte, als meine Zeichnungen – nämlich saubere, gut gebügelte Hemden, ein gemachtes Bett und vor allem eine Kost, wie er sie gewohnt war. So sehr er seinen Stolz darauf gezeigt hatte, eine Künstlerin geheiratet zu haben, so wenig passte diese nun in seinen Alltag.

Mein Ehrgeiz erwachte, nicht nur die beste, liebevollste Ehefrau, sondern auch die vollkommenste Hausfrau zu sein. Mit meinem Hang zu Übertreibungen stürzte ich mich in meine neuen Aufgaben [...].«[4]

Die beiden Zitate aus Schaals handschriftlich verfassten Lebenserinnerungen wurden von ihr zwischen 2002 und 2006 aus früheren Tagebuchaufzeichnungen zusammengetragen, jenen Jahren, als sie aufgrund von Osteoporose pflegebedürftig und über lange Zeiträume an das Bett gefesselt war, unfähig zu malen. Neben der Schrift *Mein Weg in die Malerei* von 2002 bilden sie ein Resümee ihrer künstlerischen Herkunft. In zahlreichen anderen Schriften, die vor dieser Zeit entstanden sind, hat Schaal ihr künstlerisches Wollen beschrieben und darin die für sie maßgeblichen Entwicklungsschritte sichtbar gemacht. Es ist ein Weg, der von den jugendlichen *Märchenbildern* zu den neusachlich-expressiven Gemälden ab den 1960er-Jahren führt. Wichtige Eckpfeiler sind ab Juli 1959 die Hinwendung zur Ölmalerei und ihr Glaube an Gott, den sie in ihre Kunstreflexion bereits ab 1939 zur Basis gemacht hatte.

Gude Schaals Blick auf die Welt ist stark am Prinzip des Dualismus orientiert. Ihr biografisch begründetes Verständnis des Verhältnisses zwischen Mann und Frau, das sie im Zusammenleben der Eltern und später in ihrer eigenen Ehe erfahren hatte, ist von Gegensätzlichkeiten geprägt. Demgegenüber steht ihre Auffassung von einer Kunsthervorbringung, die das menschlich-seelische Empfinden als besondere Qualität der Frau mit der Harmonie und Ordnung in »Übereinstimmung mit den Gesetzen Gottes« verbindet.[5] Diese zwei tragenden Grundüberzeugungen der Künstlerin bilden eine unauflösliche Einheit. Schaal sinnt auf eine weibliche, metaphysische Malerei, eine seelische Kunst, in Abgrenzung zu den männlichen Wegbereitern der Moderne wie Paul Cézanne (1839–1906), Pablo Picasso (1881–1973) oder Georges Braque (1882–1963), die in dieser Reihenfolge für die Entstehung des Kubismus maßgeblich waren.

»Ohne neuen Glauben gibt es keine neue Kunst. Für diese Erkenntnis ist die ganze heutige ›moderne Kunst‹ schon abgetan, erstorben. Solange sich aber die Menschen nicht ändern, werden sich ihre Werke nicht ändern und die heute abendländische Menschheit wird vergehen, wie Rauch über dem erloschenen Feuer.«[6] Der Streit über die moderne Kunst in den Nachkriegsjahren bietet Schaal den Anlass, als Frau ihre »klare, subjektive Meinung zu sagen«[7]: Die undatierte Maschinenschrift trägt den Titel *Kunst am Kreuzweg. Gedanken einer Frau zur »modernen Kunst«*.

1942, noch vor ihrer Heirat, stellt sich Gudrun Dölker[8] in der Schrift *Abbild und Inbild. Ein Gespräch über Kunst*, ausgerichtet am Gegensatz zwischen der Farbfotografie und der Malerei, ein »neues Zeitalter« vor, eine Wende in der Kunst. Während die Kunst, die Malerei, ein inneres Bild gestaltet, ein »Inbild« wiedergibt, bleibt die Fotografie ein technisches Abbild, eine Täuschung, weil sie gegenüber der Natur künstlich wirkt. »In der Kunst erreicht die Natur eine edler geordnete, höhere Stufe, aus ›Wirklichkeit‹ wird ›Wahrheit‹, aus dem unruhig fliessenden Leben ein harmonisches Bild der Welt. In der Kunst vollendet sich für uns die Schöpfung.«[9] Als Quelle für die Künstler*innen postuliert Schaal die Fantasie und freie Erfindung, eine Kunst, die durch den Willen und den Geist geordnet wird. »Für die Malerei der Zukunft sind die erreichten Höhen im Naturmalen nur Vorbereitungen, Übungen, Skizzen. Eines Tages werden wir alle wissen, dass es gilt, Ideen zu haben, Eingebungen zu gestalten, Kompositionen zu malen, ›grosse‹ Bilder, die aus der Seele stammen und zum Herzen aller Menschen in allen Zeiten sprechen – wie die Alten es konnten.«[10]

Erst in ihrer Rekonvaleszenz nach 1956 nimmt Gude Schaal die moderne Kunst als gewinnbringende Anregung wahr, der sie zur Zeit ihrer Ausbildung in Hamburg, München und Leipzig während der nationalsozialistischen Staatsführung ablehnend gegenüberstand. Besonderen Eindruck hinterlassen die leuchtende Farbigkeit der Werke von Emil Nolde (1867–1956), aber auch später die aus der Innenwelt geschöpfte Figuration von Max Beckmann (1884–1950). Es ist die klassische Moderne, die sie positiv wahrnimmt, während sie sich der abstrakten Nachkriegskunst vehement widersetzt. Abstraktion ist ihr ein nicht ernst zu nehmendes Spiel. Die Werke der von Männern dominierten Kunstszene sind ihr zu sehr Selbstdarstellung, zu stark Betonung des Egos. In der ohne Jahresangabe überlieferten Schrift *Gedanken über Kunst (aus einem Brief)* baut die Künstlerin wiederholt eine Dichotomie auf: Während »der wirkliche Künstler ›re-ligio‹ hat, eine Rückbesinnung zum schöpferischen Grund dieser Welt«, indem er »das vollkommene geistige Urbild«[11] sucht, hat die große Kunst der Gegenwart »eine Form von Abstraktion, von Vergeistigung gefunden«, die durch das »Absolutsetzen von Farbe und Form, von Sprachfetzen, von Tönen [...] die Gefahr der Selbstzerstörung in sich«[12] birgt. Das in ihren Augen gesetzte Ziel der Künstler*innen und der Kunst sei es jedoch, bleibende Werte zu schaffen. Der Kunst liege eine gesellschaftliche Aufgabe zugrunde und im Dienst eines höheren, geistigen Anliegens sei es die Bestimmung der Künstler*innen, dem »neuen Zeitgeist nachzuspüren«.[13] Dieser neue Zeitgeist ist für Gude Schaal darin geprägt, dass durch das weibliche Denken und Fühlen der Mann – und damit auch der männliche Künstler – seinen vorandrängenden, kriegerischen und weltzerstörenden Habitus ablegt.

Gude Schaal ist 84 Jahre alt, als sie am 9. Juni 2000 in ihrem handschriftlichen Text *Aufruf an die jungen Frauen* die Nachwirkungen der Frauenbewegung der 1960er-Jahre sehr kritisch ins Visier nimmt: »Was ist in Euch gefahren, Ihr jungen Frauen? Wollt Ihr keine Frauen mehr sein? Wollt Ihr wie die Männer sein? In allem gleich: in Politik, Wirtschaft, Geschäftsleben, Kultur, ja Militär. [...] Merkt Ihr nicht, wie die Männer unsere Welt verändern? Ihr wolltet die Männer weicher, gefühlvoller, hilfsbereiter – auch bei Euren Kindern – machen. Die Welt sollte menschlicher, ja ›weiblicher‹ werden.«[14] Hier zeigt sich die dualistische Weltsicht von Gude Schaal, da für sie die Schöpfung auf der Gegensätzlichkeit von Mann und Frau beruht. Die Frau solle nicht in einer Ichsucht der Selbstverwirklichung den Mann imitieren, sondern bewahren, was dieser zerstört. »Vor allem müssen wir die Männer bremsen, aufhalten, umdenken lehren. Sie sind dabei, unsere Welt zu zerstören in immer rasenderem Tempo.«[15] Von dem weiblichen Prinzip lebe die Schöpfung: »Es erhält das Leben auf dieser Erde«.[16]

Mit der Neuorientierung ihrer Kunst seit der Entstehung erster Aquarelle ab 1958, die wichtige Zeugnisse ihrer Selbstzerrüttung und der biografischen Erneuerung als Künstlerin darstellen, bis zur Fokussierung auf die Ölmalerei seit 1960, umkreist das Denken und künstlerische Gestalten von Gude Schaal eine Bildwelt, die sie als metaphysische weibliche Malerei kennzeichnet.

Am 1. Dezember 1961 notiert sie in ihr Tagebuch: »Auch ich suche eine metaphysische Malerei, aber ich suche sie in der entgegengesetzten Richtung und da ich eine Frau bin und ein mehr seelischer, unbewusster Mensch, kann ich sie ja nur auf der seelischen Seite suchen. Mag man mich zu romantisch schelten, mag man sagen ich male nur ein Gemisch aus Impressionismus, Expressionismus und den Alten, manchmal fühle ich doch, dass ich einen eigenen Ton ins Weltkonzert bringe. Und vielleicht eine Richtung, die in der Synthese das rein Menschliche, Seelische und Metaphysische sucht, das in die Zukunft weist. Denn alles gewollt Moderne, Verrückte, Experimentelle, Wilde liegt mir ja im Grunde nicht. Ich suche Ordnung, Mass, Harmonie, Übereinstimmung mit den Gesetzen Gottes und ein Menschenbild, das in der Tiefe unter all unserem hektischen Leben verborgen liegt und auf Erlösung hofft. (3 Richtungen zeichnen sich in meinen noch lehrlingshaften Anfängen bereits ab und zeigen sich mehr noch jetzt, da ich mich dem Gesellenstand nähere: eine rasche, farbige, der Natur entsprungene, v. Gogh nachempfindende Art, eine rein aus dem Inneren stammende, romantische, traumhafte Art und der Versuch, Portraits oder auch Gesehenes umzudeuten, seelisch darzustellen, metaphysisch angestrahlt u. durchleuchtet wiederzugeben.«[17]

Bereits am 14. Juli 1960 hatte Schaal in ihrem Tagebuch die drei Arten ihrer Bilder sprachlich gefasst, indem sie diese als »reine Geschenke«, »Bilder von innen oder von außen« oder als »intellektuelle Bilder« charakterisierte. Dabei können die Bildthemen ihr als Geschenk zufallen oder aber auf Einfällen und Eindrücken basieren, die das Traumhafte des Innenlebens zeigen oder das Gesehene umdenken. Den eigenen intellektuellen Bildern steht die Künstlerin skeptisch gegenüber, da diese sich nicht natürlich entwickeln – analog zu Tendenzen der modernen Kunst.

Mit dem Begriff »Inbild« hat Gude Schaal ihr künstlerisches Prinzip gefunden, das auf der Differenz zwischen dem Sehen und dem Erinnerungsbild – einem Bild vor dem geistigen Auge – beruht. Mit der Wirkung ihrer Zeichnungen während der Zeit an den Akademien war die junge Studentin überhaupt nicht zufrieden, was sich erst änderte, als ihr Adolf Schinnerer (1876–1949) an der Münchner Akademie riet, aus dem Kopf zu zeichnen.

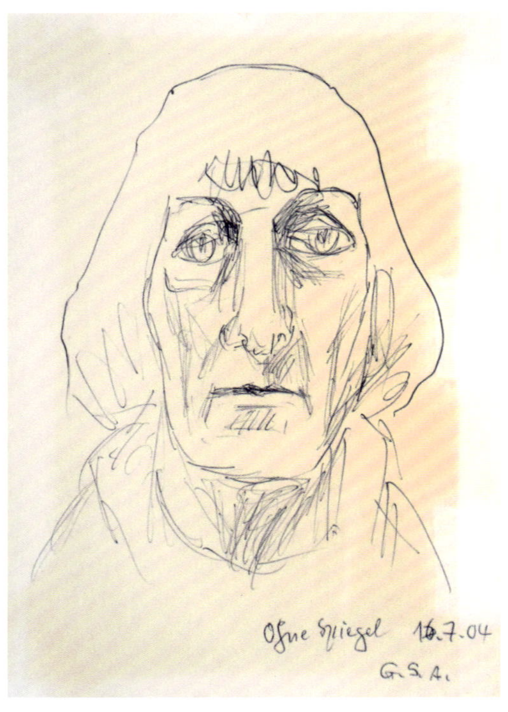

OHNE SPIEGEL 16.7.2004 KUGELSCHREIBER

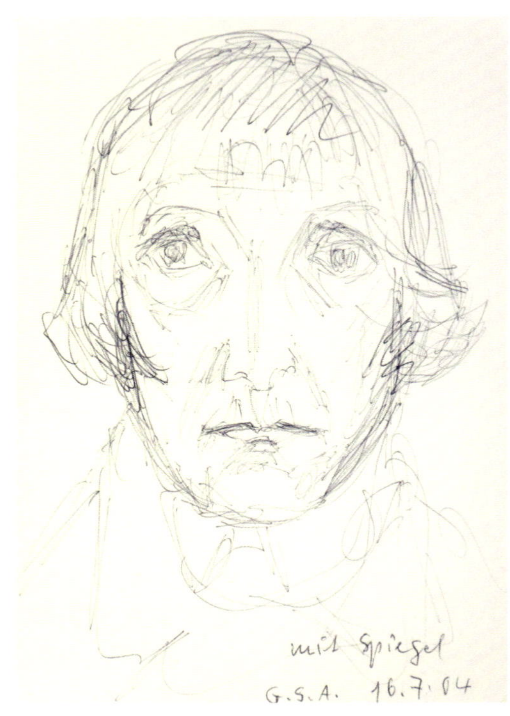

MIT SPIEGEL 16.7.2004 KUGELSCHREIBER

Rückblickend schreibt Gudrun Schaal: »Mir lag dies abzeichnen bis heute überhaupt nicht, es langweilt mich. Ich hole alles aus mir heraus, ich bin ein Innenmensch, ein Introvertierter. Auch als Übung nützt mir das Skizzieren nach gegebenen Gegenständen nicht. Ich übe mit den Augen eigentlich dauernd, präge mir die Formen ein und kann sie dann hervorholen, wenn ich sie brauche. So haben meine Gestalten auf den Märchenbildern schon früh meist stimmige Körperformen, lange ehe ich sie durch das Aktzeichnen überprüfen konnte. Einer der Lehrer nannte mich einen ›Eidetiker‹ (eidos = Auge) also einen Formenspeicherer über das Auge.«[18]

Auf zwei Zeichnungen vom 16. Juli 2004 hat Gude Schaal den beobachtenden Blick auf ihr Äußeres und ihr Inbild festgehalten. Die beiden Zeichnungen entstanden noch in der Zeit der Krankheit, als die Künstlerin an das Bett gefesselt war. Die beiden Blätter sind bezeichnet mit »Ohne Spiegel« sowie »Mit Spiegel« und geben in sehr prägnanter kurzer Form den analysierenden Ausgangspunkt ihrer Entstehung wieder. Während das vor dem Spiegel erstellte Selbstbildnis das Gesicht fragil und nervös nachzeichnet, zeigt die Zeichnung der Eidetikerin Gude Schaal eine gefestigtere Person: Sie fixiert den Betrachter aus verschatteten Augen, blickt aber gleichzeitig in die Ferne. Ihr Gesicht ist typisiert und ruft ältere Malereien in Erinnerung, wie beispielsweise das programmatische *Wunschbild* (Abb. S. 67) aus dem Jahr 1999. In diesem Selbstbildnis weisen die Hand und der Blick aus dem Bild heraus in die Ferne, verbunden mit dem Ausdruck von Sehnsucht. Das Visionierte wird im Gemälde hinter der Künstlerin sichtbar, welches das Selbstbildnis rahmt: Es ist Schaals geliebte Landschaft der Nordsee. Die wiedergegebenen Dünen und der Leuchtturm nehmen die Gestalt der Künstlerin gleichsam so auf, als befände sie sich in der Landschaft. Wunsch, Traum und Vision werden eins.

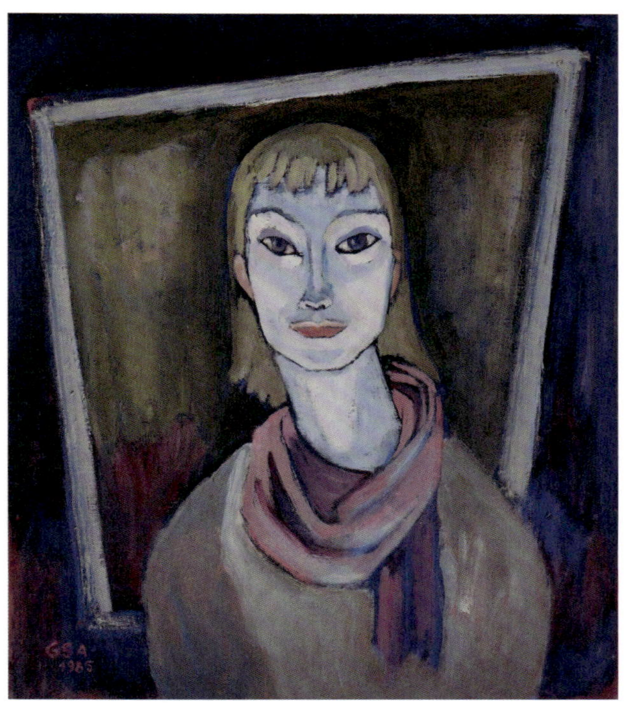

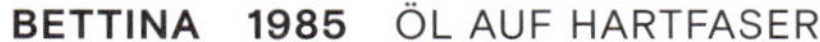

BETTINA **1985** ÖL AUF HARTFASER

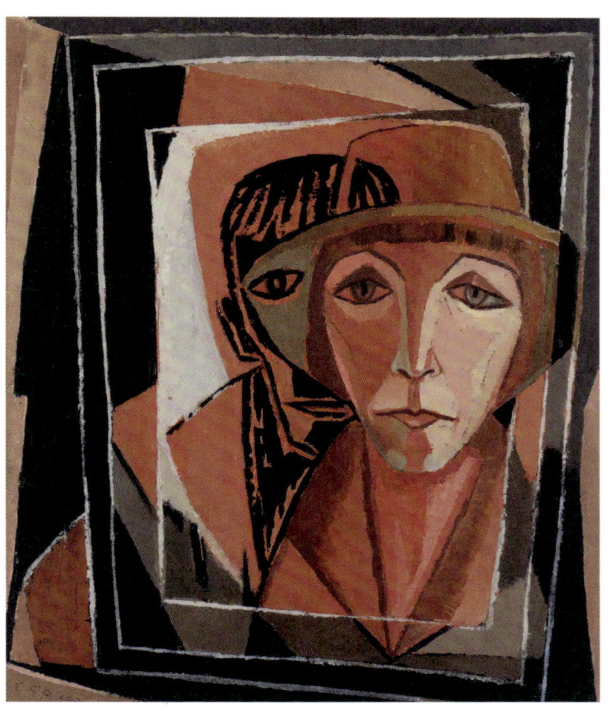

SPIEGELUNG I **1971** ÖL AUF HARTFASER

Wie im Selbstbildnis versucht Gude Schaal gleichermaßen im Porträt das Innere der dargestellten Person einzufangen, indem sie sich in den Menschen einfühlt. Auch wenn vielfach Skizzen das Bildnis vorbereiten und eine erste Impression einfangen, entwickelt das Gemälde eine eigene Bildrealität. Das Tor zur Innenwelt der porträtierten Person sind die Augen. In dem Bildnis *Bettina* von 1985 umrahmt Schaal den Kopf und Oberkörper der Dargestellten. Obschon diese sich vor dem gemalten Rahmen befindet, erscheint sie als Bild im Bild.

Häufig nutzt Schaal den Kunstgriff der Metaebene, indem der Bilderrahmen als ein visuelles Zeichen fungiert, um das Gemälde als ein Bild jenseits der Natur abzugrenzen. Bereits in dem frühen Ölbild *Drei Menschen* (Abb. S. 47) von 1962 platziert die Künstlerin ein Paar vor dem Gemälde der männlichen Person im Bild. Die Realitätsebenen sind prägnant herausgearbeitet: Bild und Abbild stehen im Dialog mit den Betrachter*innen, zudem bietet die Künstlerin schon durch den Bildtitel an, drei Personen im Bild zu sehen. Die gemalte Figur im Hintergrund auf dem Bild im Bild hat in ihren Augen dieselbe faktische Präsenz wie die beiden Personen im Vordergrund des Ölbilds.

Eine Steigerung der Verschränkung der Realitätsebenen im Gemälde, das als ein »intellektuelles Bild« verstanden werden kann, gelingt der Künstlerin mit *Spiegelung I* von 1971. Nicht nur dass dieses Ölbild sich farblich von der Naturnachahmung absetzt, es ist besonders das sich ergänzende Spiel mit den Augen, das verdeutlicht, dass hier eine übertragene Bedeutung intendiert ist. Die Bildebenen gehen ineinander über, sodass Spiegelbild, gerahmtes Gemälde und das Gesamtbild eine neue Einheit bilden. Wie ein Schatten befindet sich der Mann hinter der Frau, wobei jedoch sein Auge durch den Hutrand gespenstisch hindurchschaut.

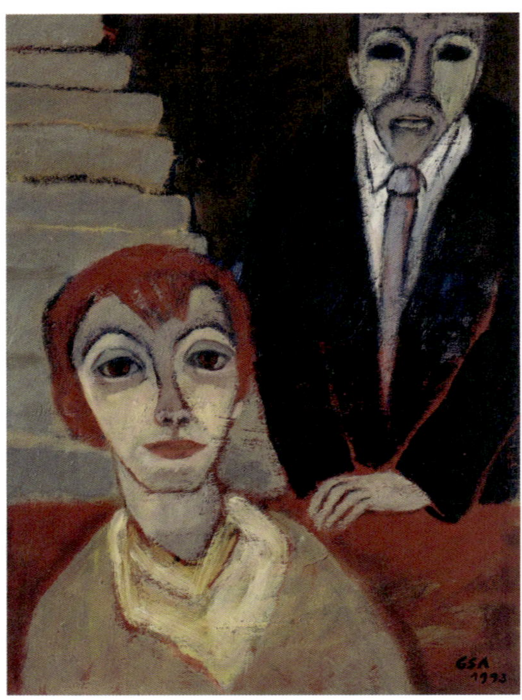

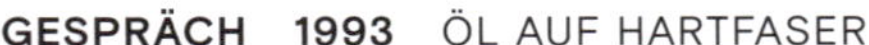

GESPRÄCH 1993 ÖL AUF HARTFASER

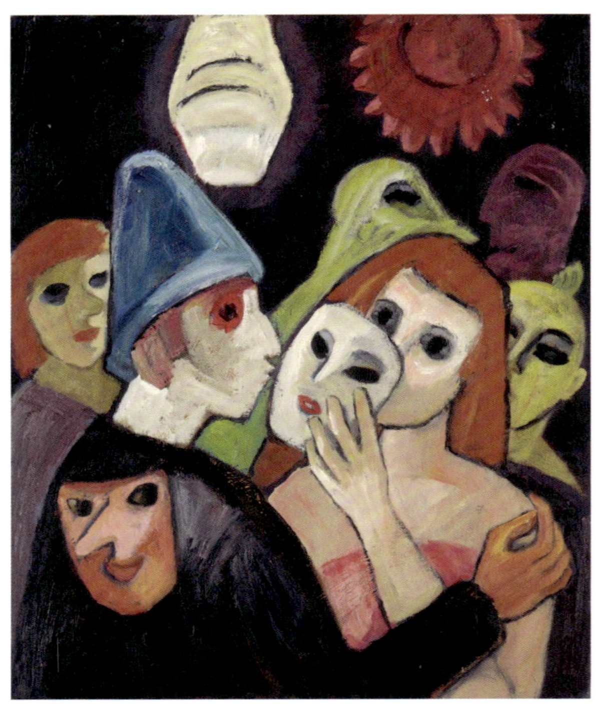

MASKENFEST 1995 ÖL AUF HARTFASER

In ihrem Tagebuch spricht Gude Schaal am 30. Juli 1960 »das Entsetzen vor dem Mann« aus. Wie anders wäre es, wenn die Frau endlich »das Leben bestimmte«. Mit ironischer Brechung sieht sich Schaal in einigen Tafelbildern die Welt mit den Augen des Mannes an. Das spannungsreiche Verhältnis zwischen Mann und Frau findet in dem Ölbild *Konferenz mit Puppe* (Abb. S. 79) aus dem Jahr 1981 einen besonderen Höhepunkt, da die begehrte Frau eine Glieder- oder Schaufensterpuppe ist. Die offensichtliche Aufmerksamkeit des Mannes gilt demnach einer unechten Frau, die als mechanisches Gebilde der Modewelt – oder als Hilfsmittel von Künstler*innen – die Verblendung des Mannes offenlegt. Schon in der Literatur und Musik des 18. Jahrhunderts wurde die Verblendung des Mannes durch eine mechanische Frauenpuppe thematisiert, ruft man sich beispielsweise E. T. A. Hoffmanns Erzählung *Der Sandmann* von 1816 in Erinnerung, die Jacques Offenbach in seine 1881 uraufgeführte Oper *Hoffmanns Erzählungen* integrierte.

Der Austausch zwischen Mann und Frau ist in Schaals Gemälden vielfach gestört. In dem Gemälde *Gespräch* von 1993 blicken die beiden Personen sich nicht an, Mann und Frau sprechen nicht miteinander. Vielmehr nehmen sie Blickkontakt mit den Betrachter*innen auf, die wiederum deren Unfähigkeit zum Dialog reflektieren und damit zu weiteren Gesprächspartner*innen der dargestellten Figuren werden.

In diesem Sinne kann die metaphysische weibliche Malerei von Gude Schaal verstanden werden, weil sie die Botschaft an die Betrachter*innen weitergibt, den Graben zwischen den Geschlechtern zu überwinden.

Gude Schaal war sich ihrer künstlerischen Grenzen sehr bewusst. In ihrem Tagebuch notierte sie am 4. März 1961: »Wozu male ich denn noch, wenn hier all mein Wesen und Wollen in viel genialerer

Form bereits gelebt und gestaltet worden ist? Ach, ich weiß ja, dass ich kein Genie bin, kein Revolutionär, kein Erneuerer, sondern nur ein Talent, das nachempfindend meint schöpferisch zu sein.«

Doch diese resignative Sicht konnte sie bereits am Jahresende durch ihre Vision einer metaphysischen weiblichen Malerei relativieren. Sie stellt ihre schöpferische Kraft in den Dienst der Bewahrung von bleibenden Werten, sie ist auf der Suche nach einem geistigen Urbild. In manchen Ölbildern der Künstlerin fallen Traumbild und Gedankenbild ineinander, wie in dem *Maskenfest* von 1995. Während die Frau, indem sie die Maske ablegt, ihr wahres Ich zeigt, ist der Mann vermummt, hat er doch sein wahres Gesicht hinter dem Rücken als Maske versteckt – nur den Betrachter*innen des Bildes sichtbar, damit diese das Doppelspiel durchschauen.

»Künstlerisch sehe ich meinen Weg so: vom Expressionismus aus – denn damals stand die Kunst am Scheidewege – den anderen Weg gehen: [...] das Licht suchen, Gott rufen, sich ihm öffnen, warten, lauschen, hoffen. [...] Natürlich können wir nicht zurück zum frommen Mittelalter.«[19]

1 Schaal, Gude: *Tagebuch*, 16.8.1959, Nachlass Gude Schaal, Reutlingen.

2 Schaal, Gude: *Erinnerungen an die Zeit 1945–52, Für Bernd Storz*, 7.4.2005, handschriftliches Manuskript, Nachlass Gude Schaal, Reutlingen, S. 10.

3 Vgl. Schaal, Gude: *Tagebuch*, 21.4.1950, Nachlass Gude Schaal, Reutlingen.

4 Schaal, Gude: *Meine Erinnerungen an die Lebens + Nazi-Zeit (1915–49)*, 5.7.2003, handschriftliches Manuskript, Nachlass Gude Schaal, Reutlingen, S. 110, verso und recto.

5 Schaal, Gude: *Tagebuch*, 1.12.1961, Nachlass Gude Schaal, Reutlingen.

6 Schaal, Gude: *Kunst am Kreuzweg. Gedanken einer Frau zur »modernen Kunst«*, ohne Jahr, Typoskript, Nachlass Gude Schaal, Reutlingen, S. 4.

7 Ebd., S. 1.

8 Der maschinengeschriebene Text ist am Ende mit dem Kindernamen, Ort und Datum gekennzeichnet.

9 Dölker, Gudrun: *Abbild und Inbild. Ein Gespräch über Kunst*, 16.1.1942, Typoskript, Nachlass Gude Schaal, Reutlingen, S. 4.

10 Ebd., S. 6.

11 Schaal, Gude: *Gedanken über Kunst (aus einem Brief)*, ohne Jahr, Typoskript, Nachlass Gude Schaal, Reutlingen, S. 1.

12 Ebd., S. 3.

13 Ebd.

14 Schaal, Gude: *Aufruf an die jungen Frauen*, 9.6.2000, handschriftliches Manuskript, Nachlass Gude Schaal, Reutlingen, S. 1, verso und recto.

15 Ebd., S. 4, verso.

16 Ebd., S. 4, recto.

17 Schaal, Gude: *Tagebuch*, 1.12.1961, Nachlass Gude Schaal, Reutlingen. [Hervorhebung entspricht dem Original].

18 Schaal 2003 (wie Anm. 4), S. 48, verso.

19 Schaal, Gude: *Tagebuch*, 5.12.1959, Nachlass Gude Schaal, Reutlingen.

Collagen

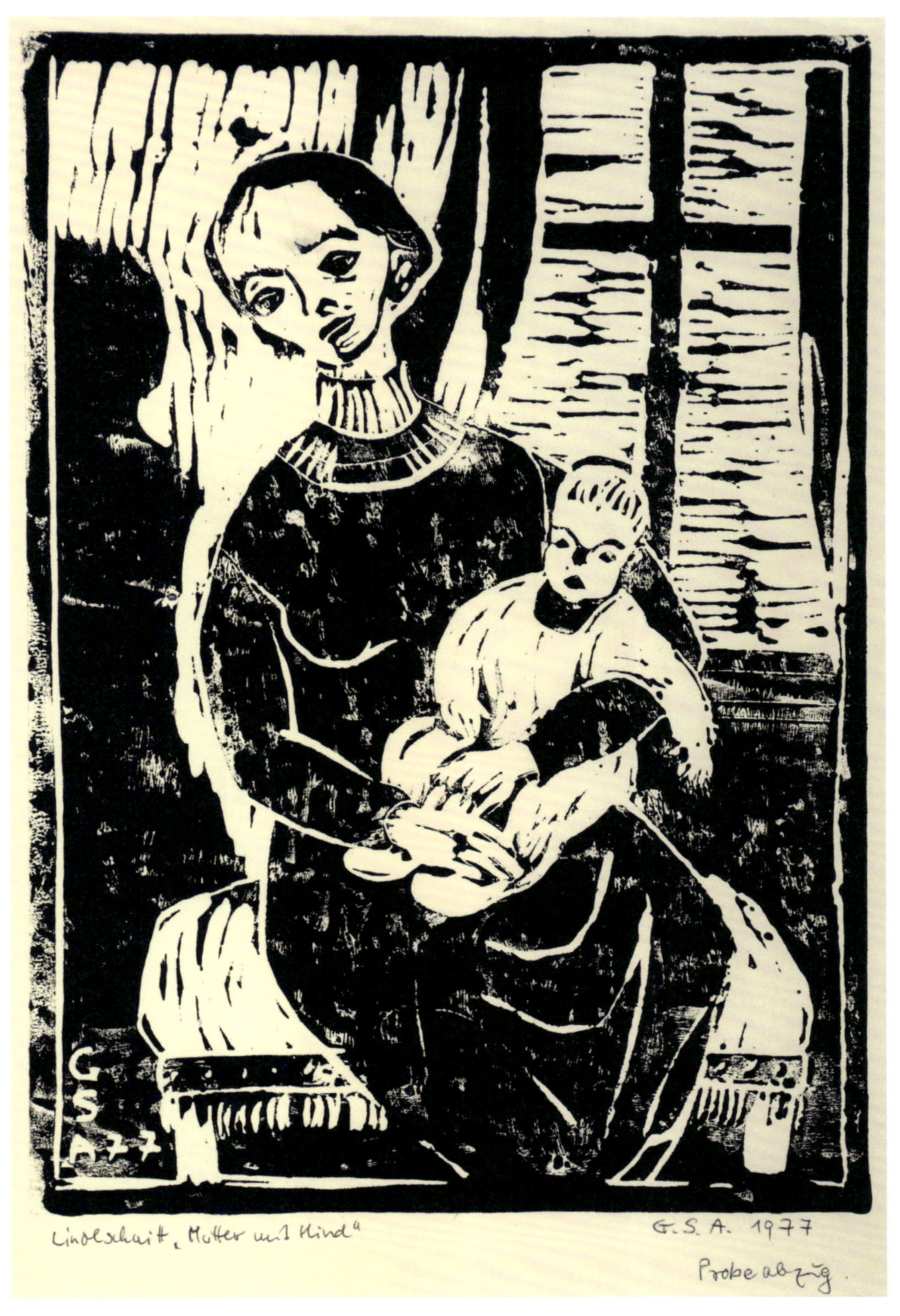

MUTTER UND KIND **1977** LINOLSCHNITT

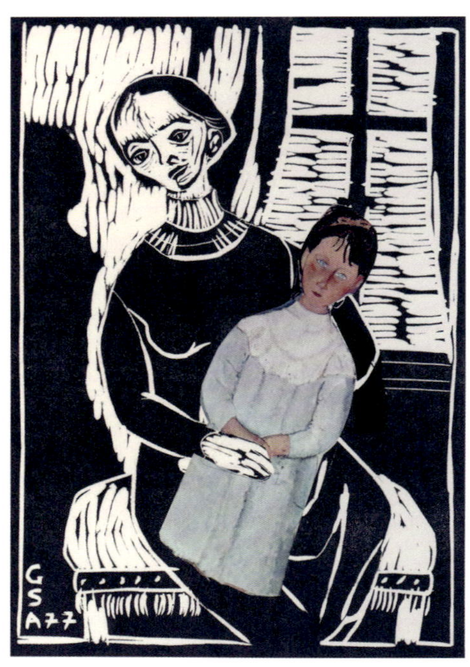

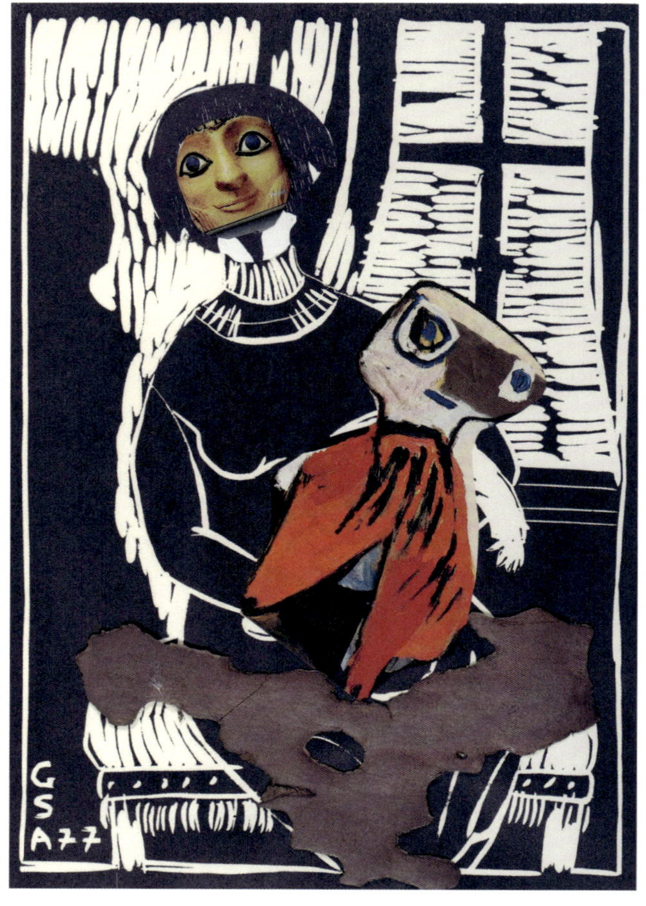

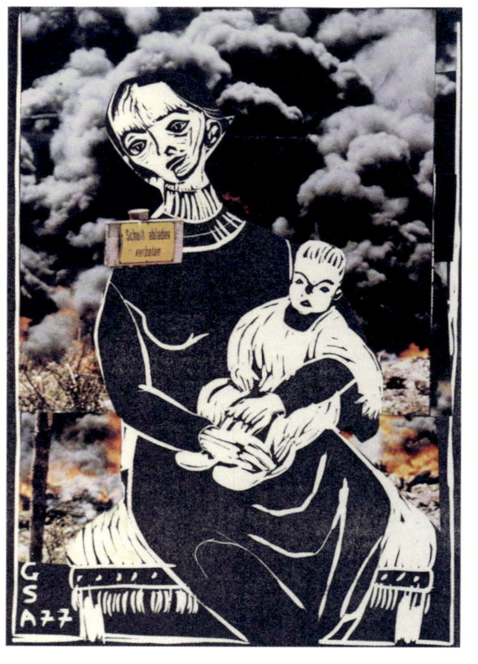

MUTTER UND KIND – MIT MODIGLIANI II 1977/1988 LINOLSCHNITT UND COLLAGE
MUTTER UND KIND – (MIT FEUER UND RAUCH) 1977/1989 LINOLSCHNITT UND COLLAGE
MUTTER UND KIND – MIT KAREL APPEL I 1977/1989 LINOLSCHNITT UND COLLAGE

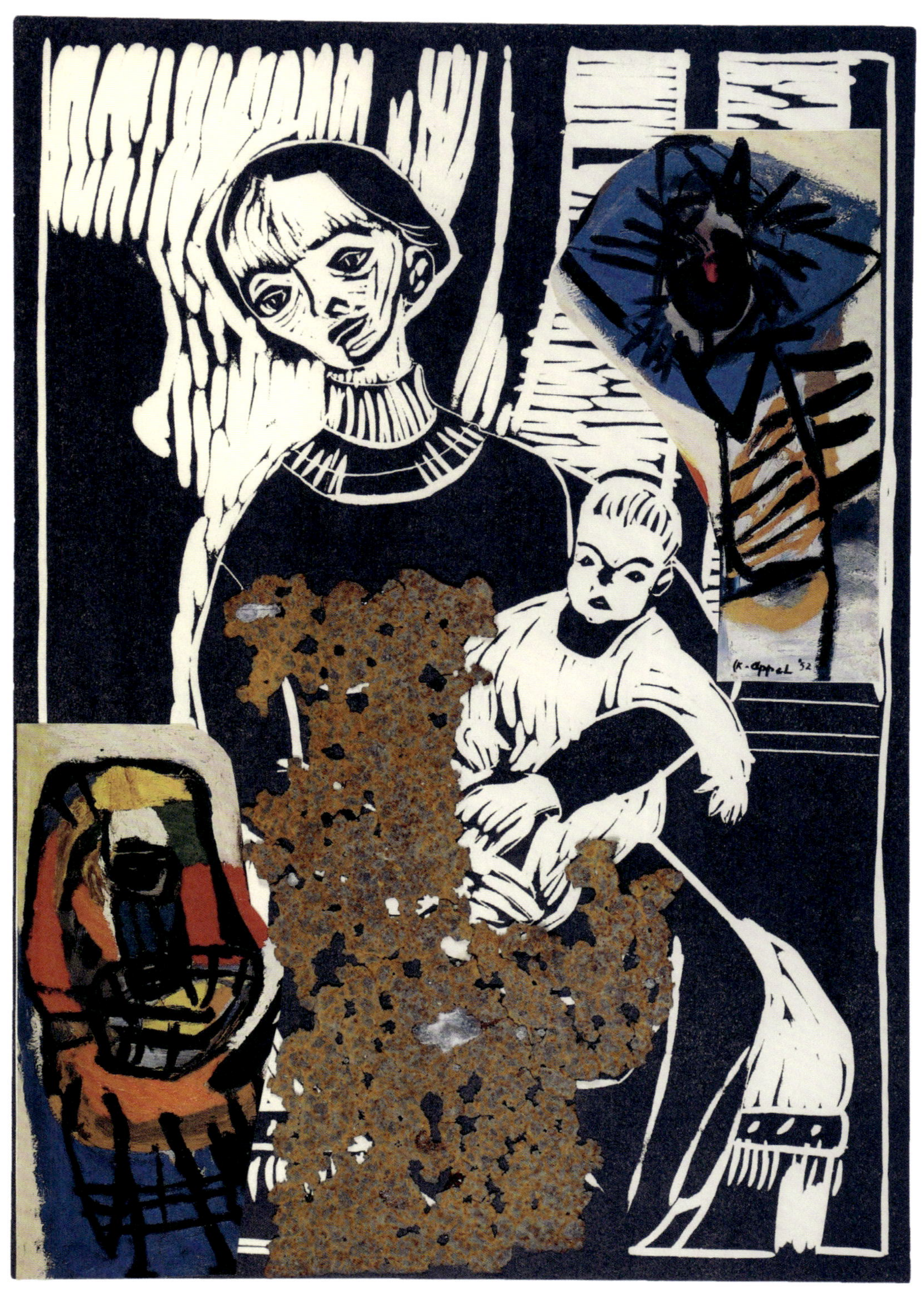

MUTTER UND KIND – MIT KAREL APPEL II + STRANDFUND 1977/1989 LINOLSCHNITT UND COLLAGE

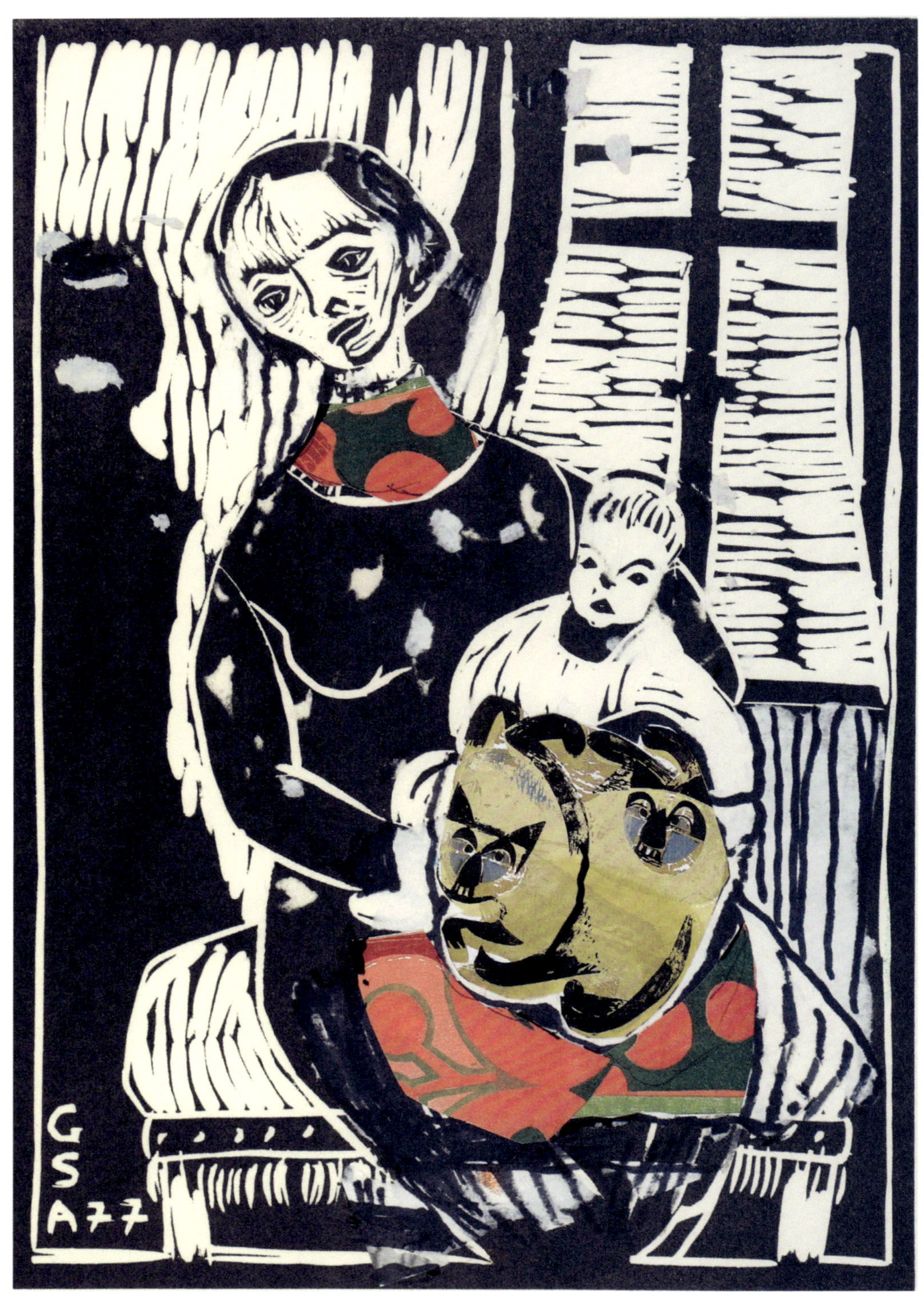

MUTTER UND KIND – MIT HAP GRIESHABER »SIAMKATZEN« 1977/1999 LINOLSCHNITT UND COLLAGE

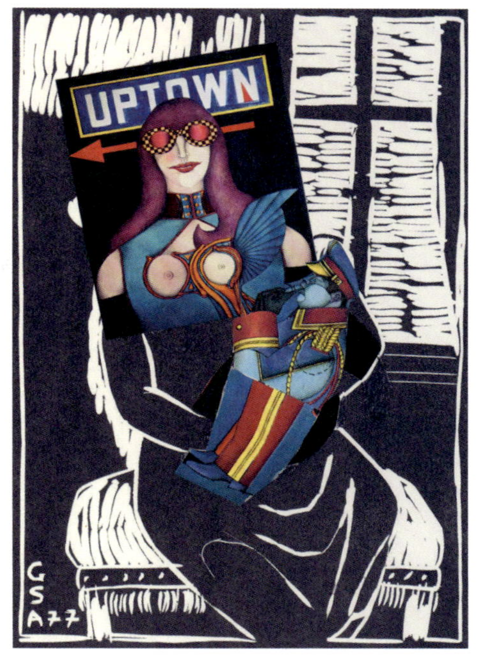

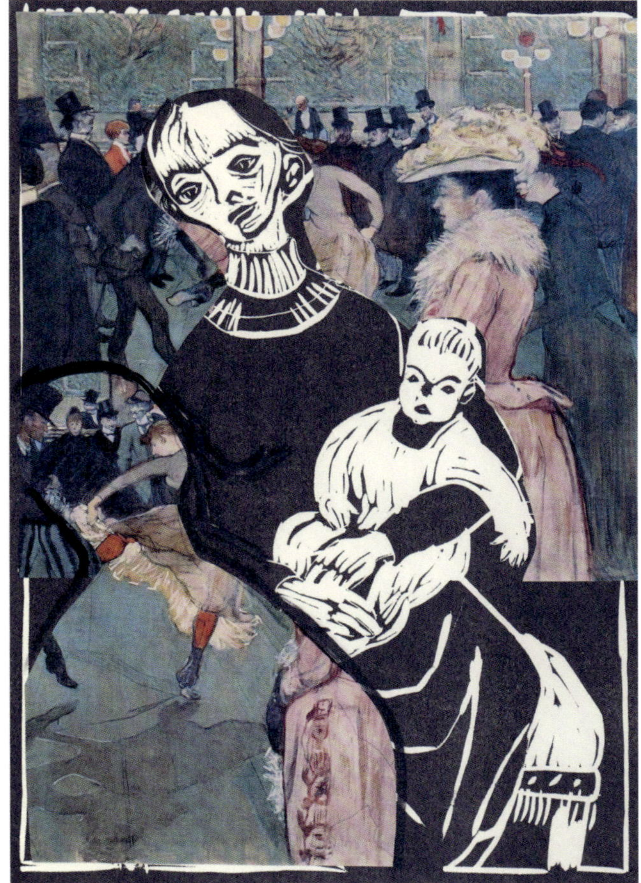

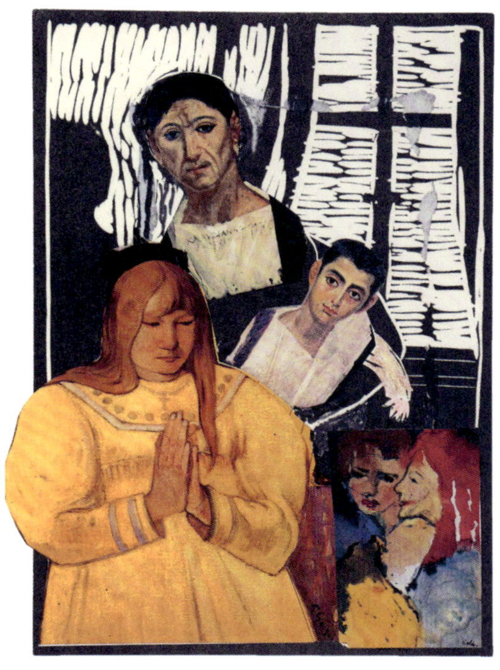

MUTTER UND KIND – MIT RICHARD LINDNER 1977/1990 LINOLSCHNITT UND COLLAGE
MUTTER UND KIND – MIT DEGAS 1977/1990 LINOLSCHNITT UND COLLAGE
MUTTER UND KIND – MIT GAUGUIN + MUMIEN-PORTRÄTS + EMIL NOLDE 1977/1993/2009 LINOLSCHNITT UND COLLAGE

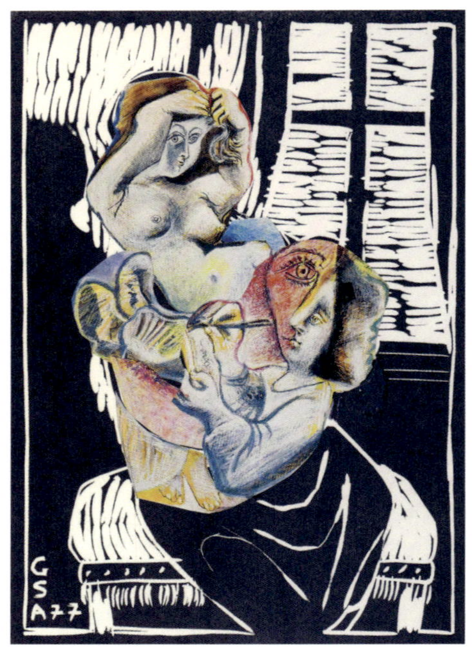

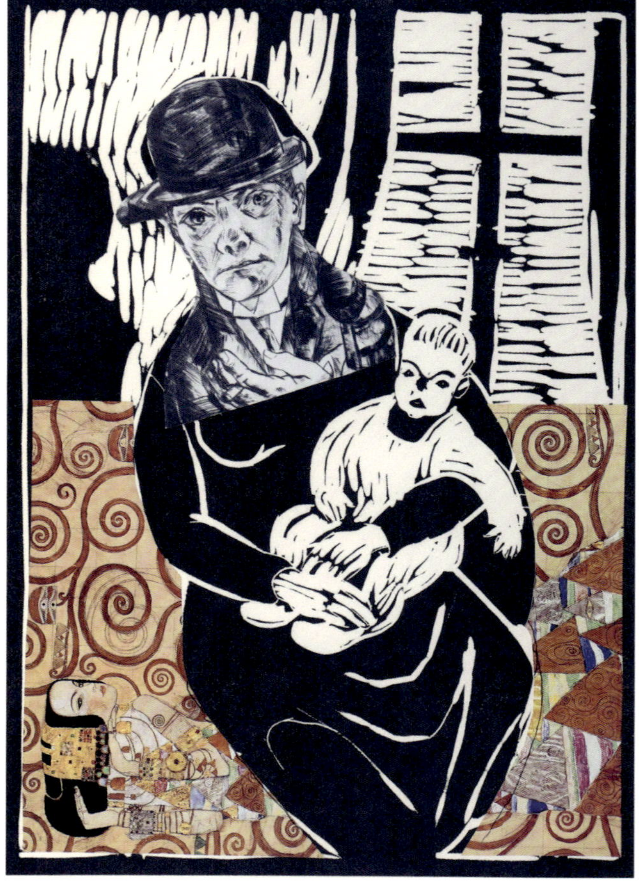

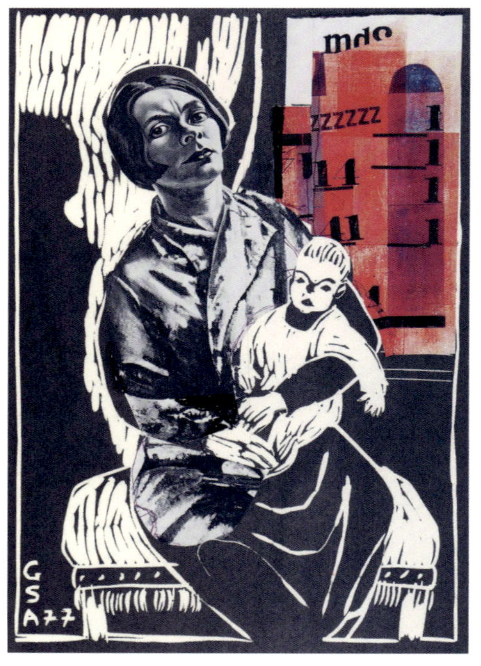

MUTTER UND KIND – MIT PICASSO 1977/1999 LINOLSCHNITT UND COLLAGE

MUTTER UND KIND – MIT CHARLEY TOOROP UND HENDRIK WERKMAN 1977/2010 LINOLSCHNITT UND COLLAGE

MUTTER UND KIND – MIT BECKMANN + KLIMT 1977/2000 LINOLSCHNITT UND COLLAGE

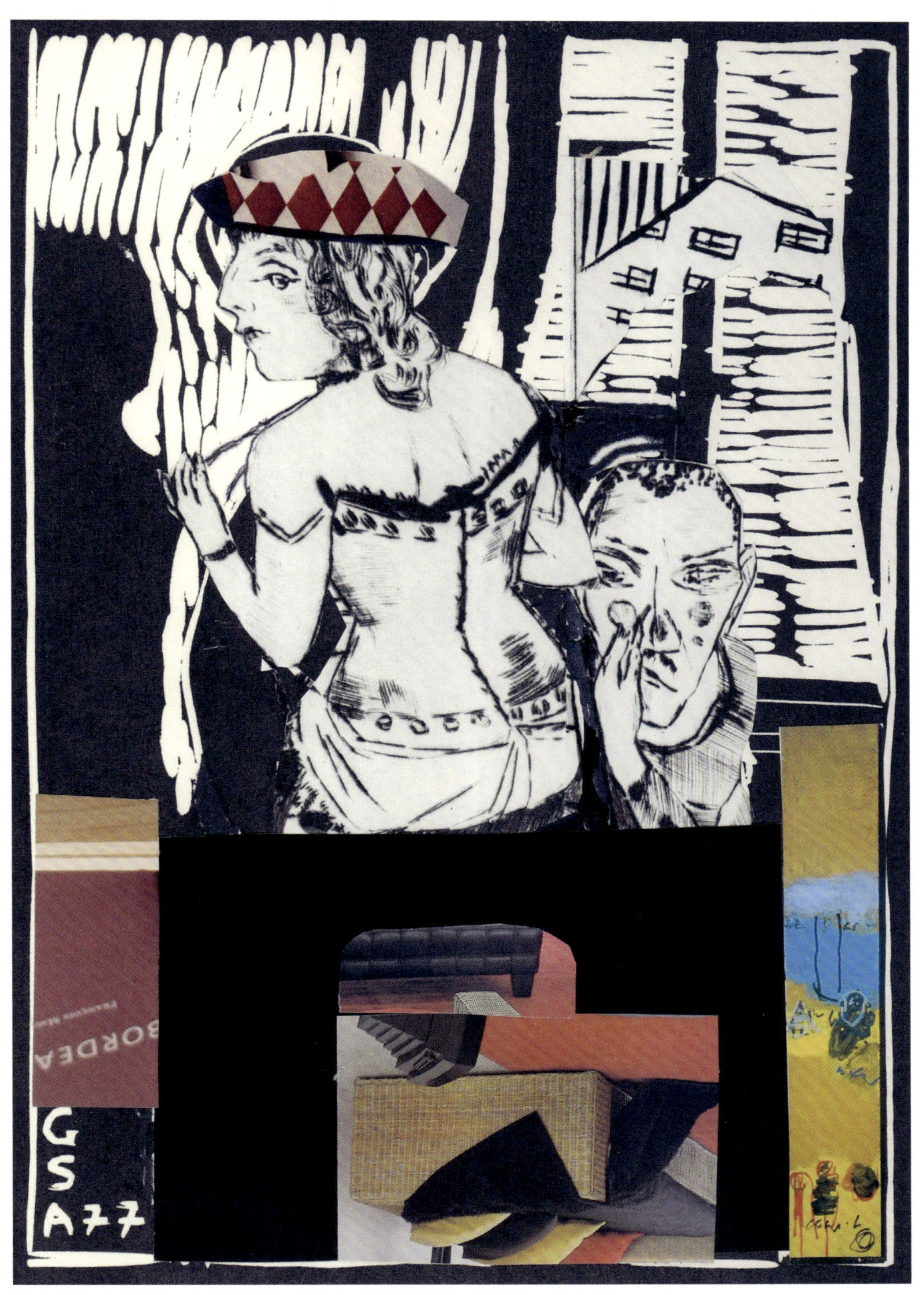

MUTTER UND KIND – MIT MAX BECKMANN 1977/2010 LINOLSCHNITT UND COLLAGE

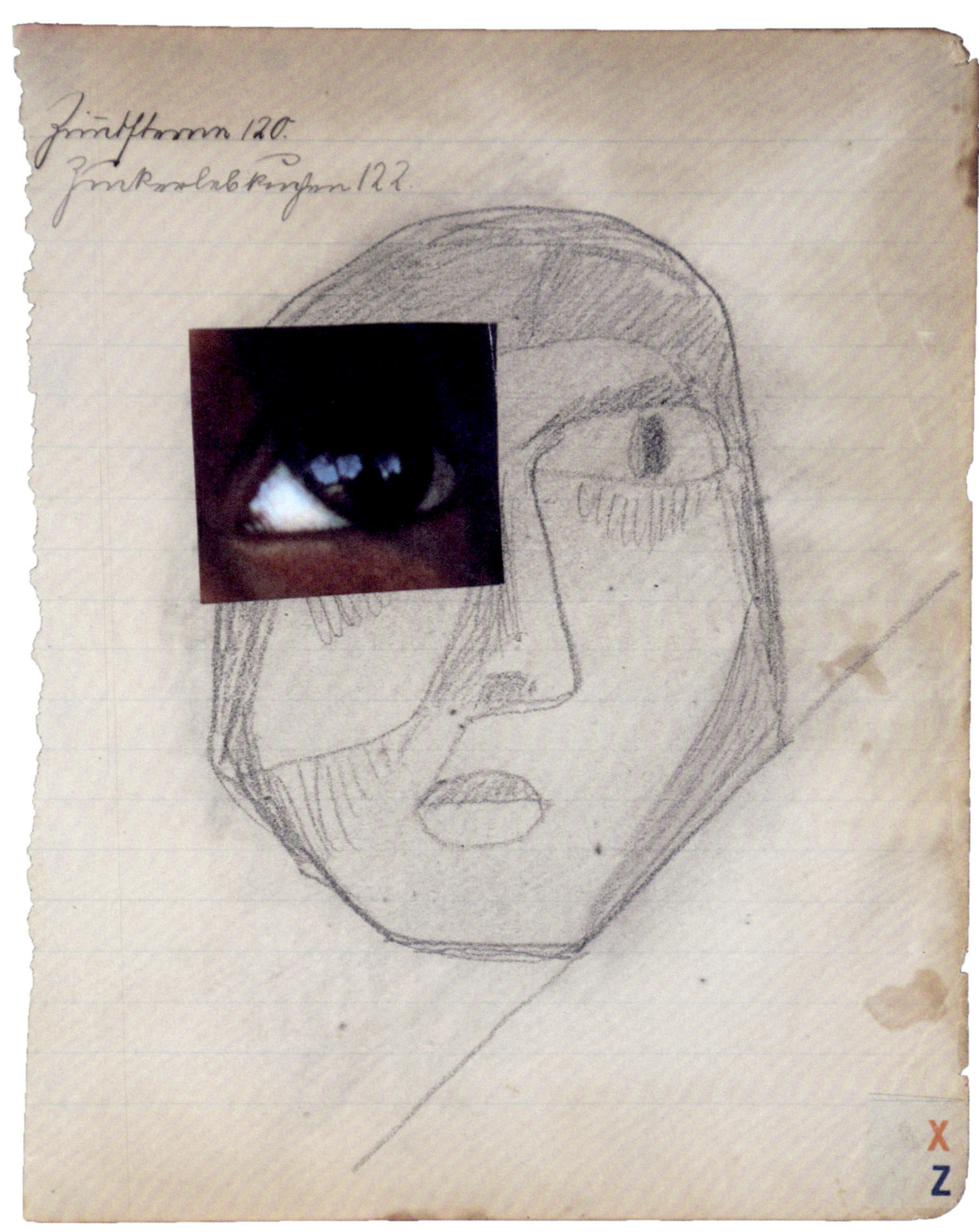

DURCHBLICK **1993** BLEISTIFT UND COLLAGE

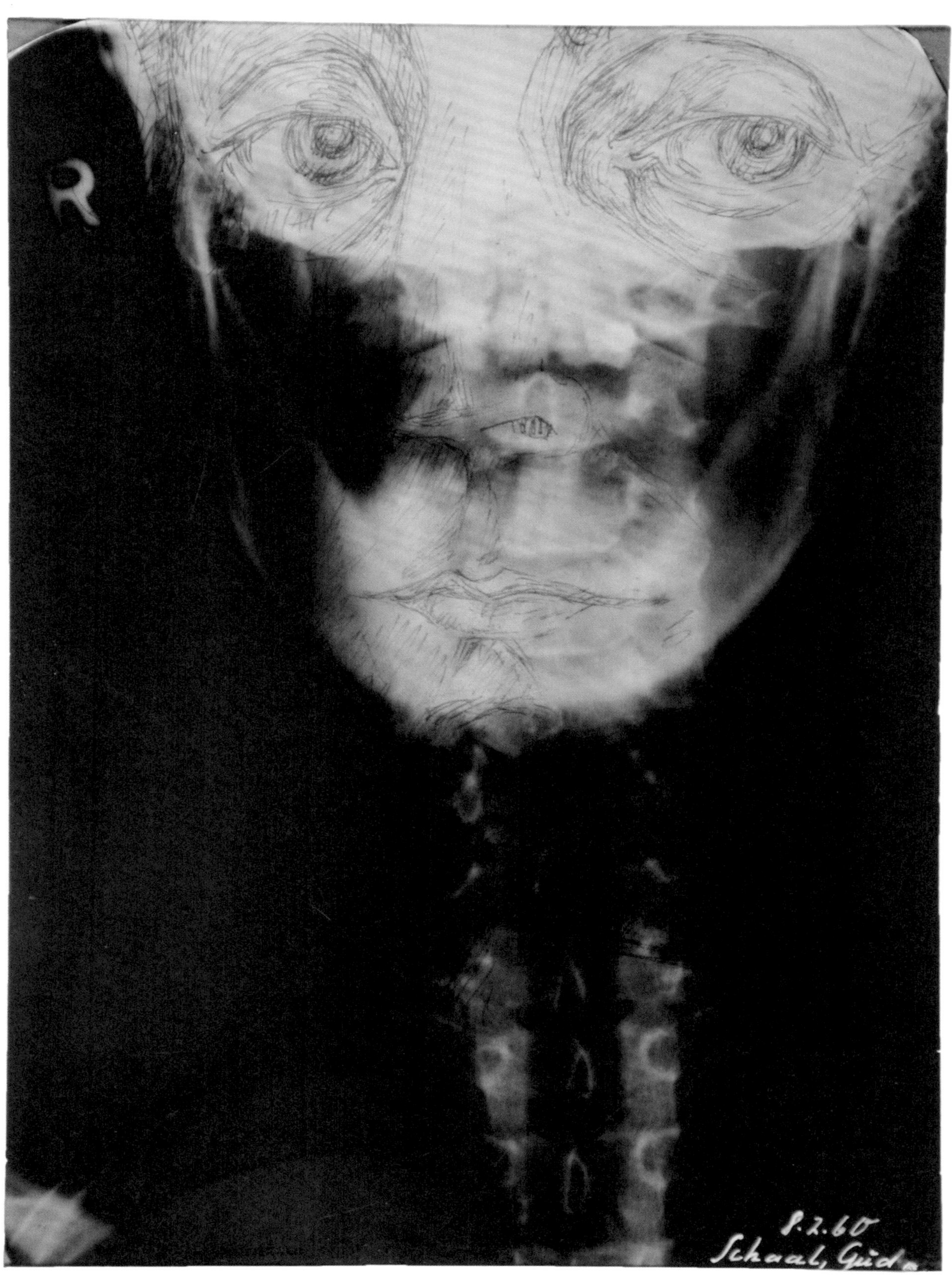

RÖNTGENBILD ÜBER ZEICHNUNG »SELBST« 1991 RÖNTGENFOLIE UND ZEICHNUNG

Anhang

Biografie

Rainer Lawicki

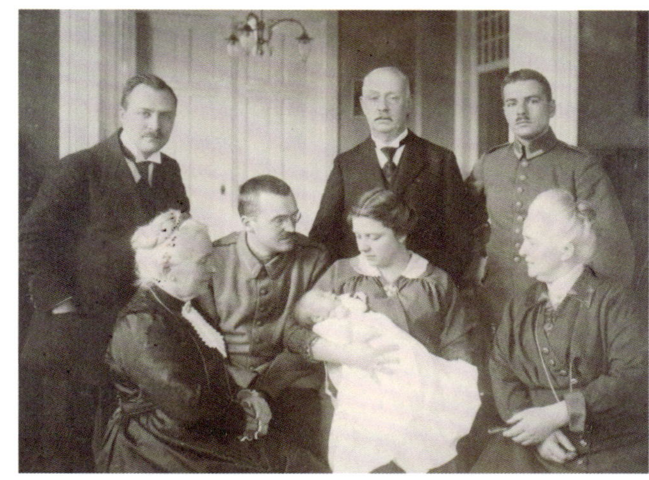

DIE FAMILIEN REHDER UND DÖLKER MIT GUDRUN

1915

Gudrun Dölker wird am 13. Dezember in Hamburg-Altona als erstes Kind der Schriftstellerin Grete Dölker (1892–1946; geb. Margarete Magdalena Rehder) und des Calwer Juristen Otto Carl Dölker (1880–1953) geboren.
Es folgen 1917 der Sohn Sigfrid, 1918 das dritte Kind Hartwig und 1924 die Tochter Ingrid.

1928

Umzug der Familie nach Stuttgart in ein Reihenhaus in der Rotenwaldstraße. Gudrun Dölker schreibt zu dieser Zeit zahlreiche Geschichten und Gedichte.

1931

Während der Schulzeit entstehen aquarellierte Bleistiftzeichnungen, die christliche Themen wiedergeben und den nachfolgenden *Märchenbildern* bereits stilistisch nahe sind. Sie ist ein träumerisches, romantisch veranlagtes Mädchen, das sich eher verschlossen zurückzieht.

1933–35

Gudrun Dölker ist aktive Gruppenführerin im nationalsozialistischen Bund Deutscher Mädel. Hier findet sie mehr Bestätigung als in der Schule, wo ihre Leistungen in einzelnen Fächern unterdurchschnittlich sind.
Den Besuch Adolf Hitlers im Stuttgarter Hospiz Viktoria im März 1935 nutzt Gudrun Dölker, um dem von ihr verehrten NSDAP-Vorsitzenden und Reichskanzler persönlich einen Scherenschnitt zu überreichen.

1935

Abitur am Stuttgarter Königin-Charlotte-Gymnasium, einem humanistischen Mädchengymnasium. Nach dem Schulabschluss kehrt sie ohne ihre Familie nach Hamburg zurück. Sie wohnt bei ihrer Großmutter Magdalene Rehder.
Als ›paying guest‹ arbeitet Gudrun Dölker auf einem Gut in Holstein und verbringt zudem ein halbes Jahr an einer Haushaltungsschule in Hamburg.

1936

Ihre Familie stimmt dem Studium der Kunst zu. Nachdem Gudrun Dölker in Begleitung ihrer Mutter den Professoren die *Märchenbilder* vorlegt, kann sie im Oktober 1936 das Kunststudium in Hamburg an der Hansischen Hochschule für

Bildenden Künste beginnen. Sie studiert drei Semester bei Paul Helms (1884–1961) und Rudolf Neugebauer (1892–1961).

1937

Im Oktober wechselt Gudrun Dölker an die Akademie der Bildenden Künste München. Sie verbringt zwei Semester in der Klasse von Adolf Schinnerer (1876–1949).
Im November besucht sie in München die Ausstellung *Entartete Kunst*. Angesichts der Arbeiten von Emil Nolde (1867–1956) hält sie in ihrem Tagebuch fest, dass dessen Werke mit der Natur nichts mehr gemeinsam haben. Über die Kunstwerke der Ausstellung schreibt Gude Dölker: »die Zeit, u. die Kunst drückt dies aus, ist krank!« Am selben Tag besucht sie ebenso eine Ausstellung mit französischer Kunst des 19. und frühen 20. Jahrhunderts. Sie ist von den Impressionisten begeistert.
Fünfwöchige Reise nach Schweden.

1938

Weiterführung ihres Kunststudiums in Leipzig an der Staatlichen Akademie für graphische Künste und Buchgewerbe. Dort studiert sie zwei Semester als Meisterschülerin bei Walter Tiemann (1876–1951) und wird begleitend dazu bei Rudolf Spemann (1905–1947) in Schrift und Kalligrafie ausgebildet. 1939 beendet sie das Studium.

1939

Bei Ausbruch des Zweiten Weltkriegs am 1. September 1939 befindet sich Gudrun Dölker mit ihrer Großmutter im Urlaub auf Sylt. Nachfolgend arbeitet sie bis zum Sommer 1940 als Helferin auf Schloss Elmau bei Garmisch in Oberbayern. Dort lernt sie ihren zukünftigen Ehemann, Eugen Schaal, kennen, kann sich jedoch noch nicht für eine Verbindung mit diesem entscheiden.
Das von Johannes Müller geleitete Haus verstand sich als Ort religiösen und kulturellen Austauschs, an dem Vorträge und Konzerte stattfanden. Auch die Eltern von Gudrun Dölker hatten sich 1914 durch Johannes Müller kennengelernt, der damals noch auf Schloss Mainberg bei Schweinfurt wirkte.
Während des Aufenthalts auf Schloss Elmau entstehen in ihrem Tagebuch zahleiche Notizen, die das Verhältnis zwischen Natur und Kunst thematisieren. Zudem nimmt sie durch die Unterhaltungen auf Schloss Elmau die unterschiedlichen »Stufen der Kunstbetrachtung« in der Rezeption von Kunstwerken bei Laien, Kunstverständigen und Künstler*innen wahr. Die Vortragsabende auf Schloss Elmau spiegeln sich in ihren nachfolgenden Texten zur Kunst wider.
Für den Umschlag von *Elredefleth*, der ersten Romanveröffentlichung ihrer Mutter im Verlag v. Hase & Koehler, Berlin und Leipzig, gestaltet sie die Illustration.

1941

Anfang des Jahres hält sich Gudrun Dölker erneut für kurze Zeit auf Schloss Elmau auf. In ihrem Tagebuch notiert sie am 20. Januar: »Immer wieder gelingt es mir, dass ich mich aus der wirklichen Welt zurückziehe, die Einsamkeit suche und mich den Träumen hingebe. Dann sind sie mir schöner als alles Leben, stärker als alle menschliche Berührung, lebendiger als alles Erlebnis sonst. [...] Meine Seele braucht die Stille und die Versenkung, das Hingeben an die unsichtbaren Ströme, die mir aus dem träumenden Leben der anderen Seite des Daseins kommen. Denn wie sollte ich sonst zeichnen, wenn ich es nicht geträumt hätte vorher, wie sollte ich schreiben, dichten, immerfort lieben, wenn es nicht einmal in der Einsamkeit in mich hineingesunken wäre – einfach nur, weil ich dafür bereit war? Ach, alle, die mit mir leben, wissen nicht um meine verborgene Tiefe.«

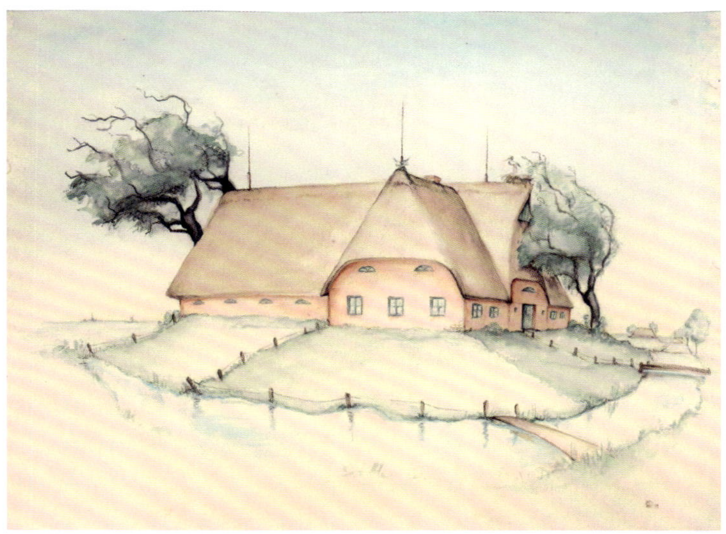

UMSCHLAGGESTALTUNG FÜR DAS BUCH »ELREDEFLETH« 1939

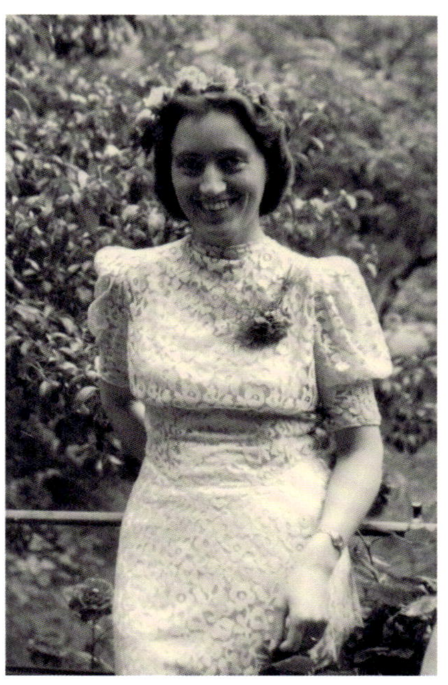

GUDRUN DÖLKER AM TAG DER VERLOBUNG 28.6.1942

Im Februar erhält sie den Auftrag für den Verlag v. Hase & Koehler, Berlin und Leipzig, nach selbstausgewählten Gedichten bis zu 50 Illustrationen zu schaffen. Mit Ausnahme des Blattes *Ja. Als der Herr mit mächt'ger Schwinge, C. F. Meyer* von 1942 sind die kolorierten Zeichnungen jedoch im Krieg verloren gegangen
Im November hält sie sich in München auf, nunmehr als freischaffende Illustratorin mit einem eigenen Gehalt. In ihrem Tagebuch vermerkt sie am 5. November, dass nun ein neuer Abschnitt in ihrem Leben beginnt: »Das Leben der Vernunft, der Arbeit. [...] Doch, das will ich mir selbst beweisen. Niemandem bin ich verantwortlich, niemand befiehlt mir, niemand sieht zu, niemand kritisiert – nur ich selbst.«

1942

Im April stirbt Günther Melchior, ein Freund von Gudrun Dölker, an seinen Kriegsverletzungen.
Am 16. Juni beendet sie den im November 1940 begonnenen Roman *Das ferne Land* und bietet ihn 1951 dem Westermann Verlag an, veröffentlicht wird er jedoch nicht.
Am 28. Juni findet die Verlobung mit dem Textilkaufmann Eugen Schaal statt, dem Leiter der Reutlinger Firma Schaal & Sautter, die sich auf Berufs- und Sportkleidung spezialisiert hat. Am 12. September folgt die Hochzeit.
Nach dem Umzug nach Reutlingen gibt Gudrun Schaal ihre künstlerischen Tätigkeit als Illustratorin auf. Mit einer rückhaltlosen Kehrtwende wendet sie sich als Ehefrau eines Unternehmers der Arbeit im Haushalt zu.

1943

Veröffentlichung der Novelle *Das Mädchen Agnete* unter dem Doppelnamen Gude Schaal-Dölker in der Reihe der Feldposthefte des C. Bertelsmann Verlags.
Geburt des ersten Sohnes Eler am 27. Oktober.

1946

Tod der Mutter am 22. Februar.
Geburt der Tochter Silke am 8. März.

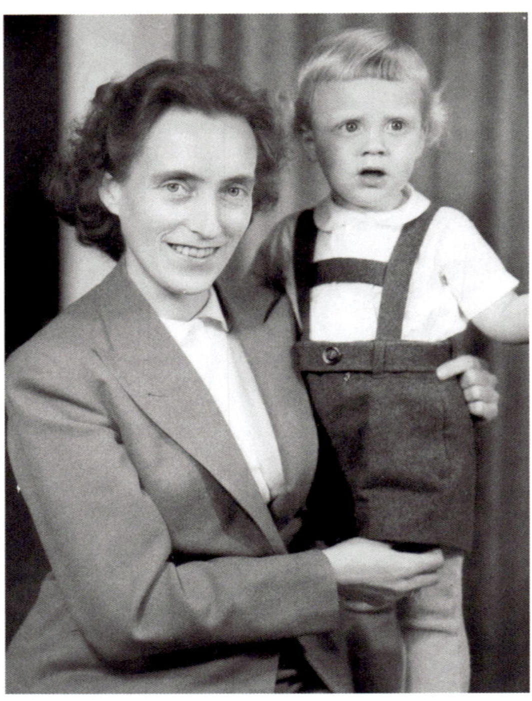

GUDE SCHAAL MIT IHREM SOHN ELER 1945

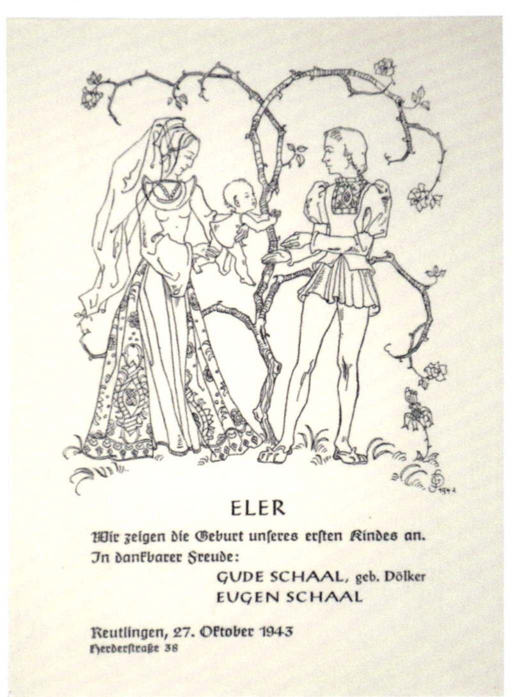

ELER

Wir zeigen die Geburt unseres ersten Kindes an.
In dankbarer Freude:
GUDE SCHAAL, geb. Dölker
EUGEN SCHAAL

Reutlingen, 27. Oktober 1943
Herderstraße 38

GEBURTSANZEIGE ELER SCHAAL

1948

Für ihren Sohn verfasst sie die Kurzgeschichte *Das Wunschaus. Ein Märchen von der Achalm.*

1949

Geburt des zweiten Sohnes, dessen früher Tod nach nur acht Tagen sie schwer trifft.

1953

Erste Reise mit den Kindern auf die Nordseeinsel Spiekeroog. Bis zum Jahr 1992 werden viele weitere Reisen an die Nordsee folgen.

1956

Nach einem physischen und seelischen Zusammenbruch – bedingt durch die Belastungen von Haushalt und Ehe – unternimmt sie den Neubeginn ihrer künstlerischen Tätigkeit. Dies erfolgt während einer Therapie auf Anraten der betreuenden Ärztin Dr. Käthe Weizsäcker. Neben zahlreichen Zeichnungen entstehen erste Aquarelle und Gouachen.

1959

Im Juni entstehen die ersten Ölbilder, die sie in der Folge mit GSA (Gude Schaal Altona) signiert. Die Maltechnik mit Ölfarben eignet sie sich autodidaktisch an und wählt Hartfaser als Bildträger, da sie einen festen Malgrund bevorzugt. Während sie anfangs mit dem Spachtel arbeitet, verwendet sie später nur noch Pinsel.

1969

Mit dem Auszug ihrer Tochter aus dem Reutlinger Wohnhaus kann Gude Schaal nun einen eigenen kleinen Raum zum Malen einrichten.
Eine kurze Anleitung erhält sie 1969/70 von Gerhard Grimm, Professor für bildende Kunst an der Pädagogischen Hochschule Reutlingen, der ihr malerische und kompositorische Grundkenntnisse vermittelt.

1970

Vom 26. Juni bis 12. Juli wird von der Hans-Thoma-Gesellschaft Gude Schaals erste Einzelausstellung im Alten Rathaus in Reutlingen

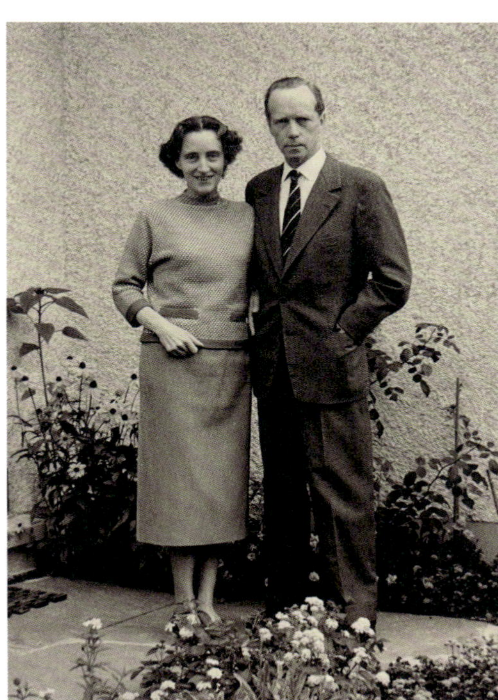

DAS EHEPAAR GUDE UND EUGEN SCHAAL 1957

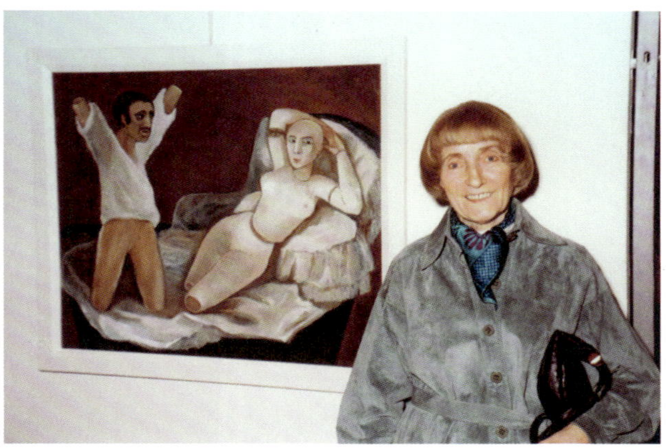

GUDE SCHAAL 1986 VOR DEM ÖLBILD »MAJA-VARIATION«

ausgerichtet. Die Ausstellung erfolgt durch die Unterstützung von Alfred Hagenlocher, dem ersten Vorsitzenden der Hans-Thoma Gesellschaft, der im November 1964 erstmals Werke der Künstlerin in ihrem Wohnhaus gesehen hatte. In den nachfolgenden Jahren kommt es zu zahlreichen Einzelausstellungen und Beteiligungen an Gruppenausstellungen, unter anderem in Reutlingen, Eningen, Pfullingen, Tübingen, Stuttgart, Ulm, Freiburg im Breisgau, Graz oder der Reutlinger Partnerstadt Rouanne.

1970er-Jahre
Beitritt zur Künstlerinnenvereinigung GEDOK Reutlingen, dem Verband der Gemeinschaften der Künstlerinnen und Kunstfördernden. Es entstehen neben den Ölbildern zahlreiche Linolschnitte und Monotypien.

1974
Am 12. Februar erfolgt die einstimmige Aufnahme von Gude Schaal in den Verein Malerkollegium Reutlingen.

1984
Zusammen mit der Eninger Bildhauerin und Zeichnerin Gudrun Krüger (1922–2004) reist sie nach Spiekeroog.

1985
Eine als Retrospektive angelegte Einzelausstellung zu Gude Schaals 70. Geburtstag wird vom 13. Dezember 1985 bis 19. Januar 1986 in der Eingangshalle des Reutlinger Rathauses gezeigt. Insgesamt sind 94 Ölbilder und 12 Zeichnungen zu sehen.

1988
Den 1977 entstandenen Linolschnitt *Mutter und Kind* erweitert Schaal von 1988 bis 2010 mit collagierten Elementen: Sie verwendet hierzu Bildfragmente von internationalen Künstler*innen der Moderne und der Avantgarde.

1990
Zur Feier ihres 75. Geburtstag stellt Gude Schaal vom 18. November bis 14. Dezember in

einer Einzelausstellung in der Kreissparkasse Reutlingen 43 Gemälde und 8 Collagen aus.

1995

Am 18. August stirbt ihr Ehemann Eugen Schaal im Alter von 92 Jahren.

1996

Anlässlich ihres 80. Geburtstags wird vom 21. Januar bis 9. Februar in der Kreissparkasse Reutlingen die Einzelausstellung *Bilder aus 25 Jahren* gezeigt. Die Ausstellungsliste umfasst 59 Ölbilder Schaals, die frühesten aus dem Jahr 1971.

2000

Zum 85. Geburtstag richtet ihr die GEDOK Reutlingen vom 12. Dezember 2000 bis 7. Januar 2001 eine Einzelausstellung im Reutlinger Spitalhof aus.

2002

Aufgrund ihrer gesundheitlichen Einschränkungen malt Gude Schaal kaum noch und schreibt vermehrt. Ihr ganzes Leben lang verfasste sie Erzählungen, Novellen und Gedichte, die sie teils in ihren Tagebüchern festhielt.
Es entsteht der im Rückblick verfasste Text *Mein Weg in die Malerei*, der schlaglichtartig die wichtigsten Ereignisse und Stationen ihres Lebens und ihrer künstlerischen Auseinandersetzungen wiedergibt.

2003–05

Auf Basis ihrer Tagebücher erstellt Gude Schaal *Meine Erinnerungen an die Lebens + Nazi-Zeit (1915–49).* Das handschriftlich verfasste Manuskript wird am 5. Juli 2003 abgeschlossen und umfasst 150 Seiten.
Das handschriftliche Manuskript *Erinnerungen an die Zeit 1945–52, Für Bernd Storz* wird am 7. April 2005 abgeschlossen.

2006

Ihr Gesundheitszustand stabilisiert sich, sodass sie die Malerei wieder weiterführen kann. Von 2006 bis zu ihrem Tod entstehen 47 Ölbilder.

2011

Gude Schaal stirbt am 26. Dezember mit 96 Jahren in einem Pflegeheim in Eningen, nachdem sie in ihrem Reutlinger Haus gestürzt ist.

Die Biografie greift auf die Vorarbeit von Anna Katharina Thaler zurück. Der Text basiert auf den zahlreichen biografischen Schriften im Nachlass von Gude Schaal, Reutlingen. Fritz Dannenmann gilt mein besonderer Dank für die Überlassung seiner Transkriptionen aus den Tagebüchern von Gude Schaal.

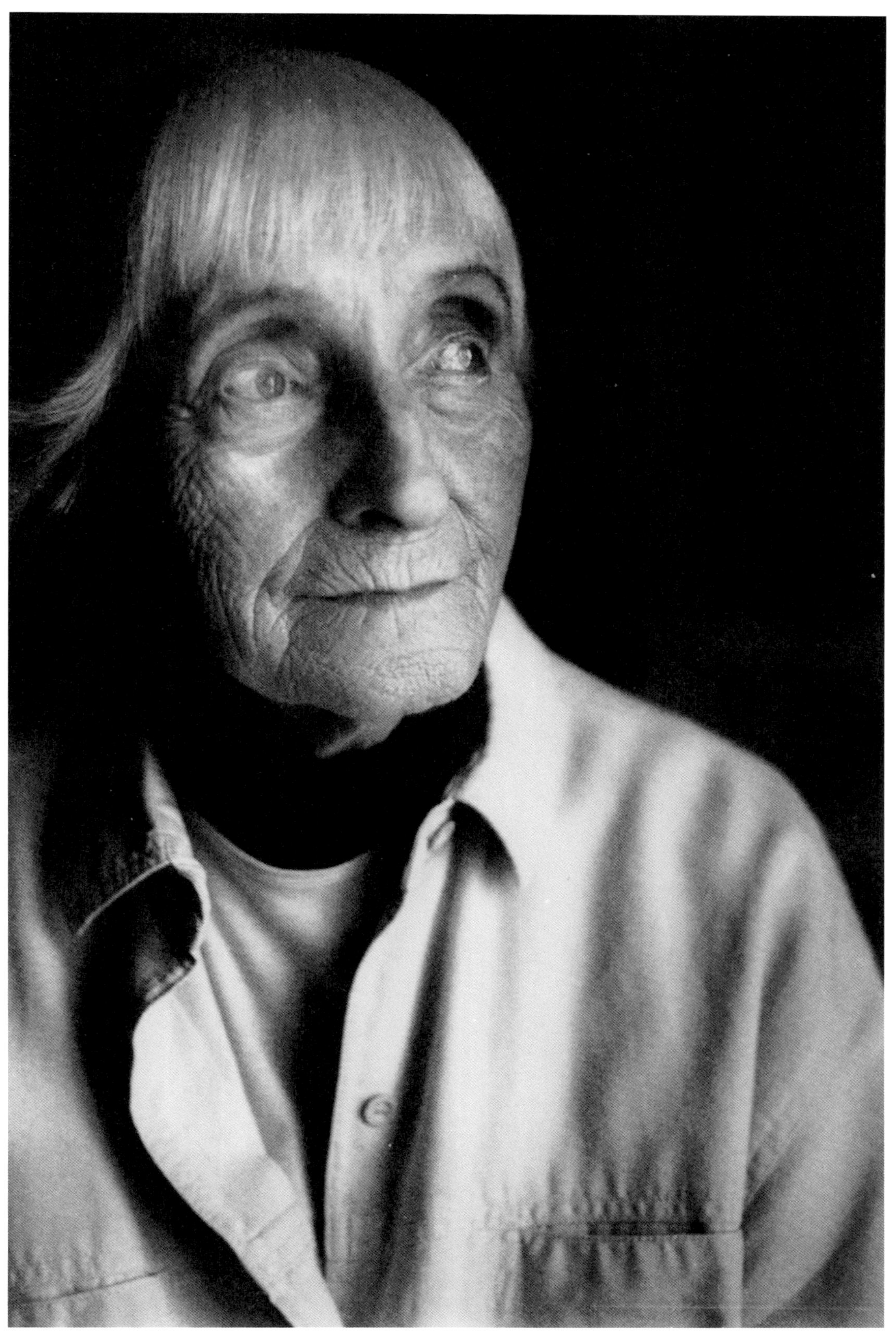

GUDE SCHAAL IM JUNI 2006

Literaturverzeichnis

Texte von Gude Schaal

Dölker, Gude: *Gedanken über Kunst (aus einem Brief)*, ohne Jahr, Typoskript, Nachlass Gude Schaal, Reutlingen

Schaal, Gude: *Kunst am Kreuzweg. Gedanken einer Frau zur »modernen Kunst«*, ohne Jahr, Typoskript, Nachlass Gude Schaal, Reutlingen

Dölker, Gude: *Abbild und Inbild. Ein Gespräch über Kunst*, 16.1.1942, Typoskript, Nachlass Gude Schaal, Reutlingen

Schaal-Dölker, Gude: *Das Mädchen Agnete*, Bertelsmann-Feldposthefte, 1943

Schaal, Gude: *Gedanken über Kunst (aus einem Brief)*, 1970, Typoskript, Nachlass Gude Schaal, Reutlingen

Schaal, Gude: *Aufruf an die jungen Frauen*, 9.6.2000, handschriftliches Manuskript, Nachlass Gude Schaal, Reutlingen

Schaal, Gude: *Mein Weg in die Malerei*, 2002, Typoskript, Nachlass Gude Schaal, Reutlingen

Schaal, Gude: *Meine Erinnerungen an die Lebens + Nazi-Zeit (1915–49)*, 5.7.2003, handschriftliches Manuskript, Nachlass Gude Schaal, Reutlingen

Schaal, Gude: *Erinnerungen an die Zeit 1945–52, Für Bernd Storz*, 7.4.2005, handschriftliches Manuskript, Nachlass Gude Schaal, Reutlingen

Schaal, Gude: *Ich bin froh, eine Frau zu sein*, 9.3.2009, Typoskript, Nachlass Gude Schaal, Reutlingen

Schaal, Gude: *Über Kunst*, August 2009, handschriftliches Manuskript, Nachlass Gude Schaal, Reutlingen

Ausstellungskataloge und Sekundärliteratur

Grimm, Gerhard: *Die Malerin Gude Schaal. Einführung in das Werk*, Hamburg 1985

Gude Schaal. Bilder aus 25 Jahren, Ausst.-Kat. Hans Thoma-Gesellschaft - Kunstverein Reutlingen, Reutlingen 1995

Gude Schaal. 13.12.1915–26.12.2011, hrsg. von Silke Guhl, Ausst.-Kat. Kreissparkasse Reutlingen, Reutlingen 2015

Gude Schaal, hrsg. von der Galerie Reinhold Maas, Ausst.-Kat. Galerie Reinhold Maas, Reutlingen 2020

Gude Schaal und Winand Victor. Spur und Erinnerung, hrsg. von der Galerie Reinhold Maas, Reutlingen 2020

Rezensionen (Auswahl)

Schäfer, E. G.: »Reutlinger Porträtistin von großem Format. Zur Gude-Schaal-Ausstellung in der Studio-Galerie«, in: *Reutlinger General-Anzeiger*, 27.6.1970

Kosen, Werner: »Expressionistische Deutungen. Gude Schaal im ›Fenster des Monats‹ der Commerzbank, Reutlingen«, in: *Reutlinger General-Anzeiger*, 19.2.1972

Ferben, Elfriede: »Es überwiegt das Menschenbild. Zur Ausstellung ›Mensch und Landschaft‹ von Gude Schaal im Gedok-Elaus in Stuttgart«, in: *Reutlinger General-Anzeiger*, 23.3.1978

Kosen, Werner: »Gespräch mit intensiven Bildern. Malerei und Grafik von Gude Schaal bei Knödler, Reutlingen«, in: *Reutlinger General-Anzeiger*, 16.3.1979

Kosen, Werner: »Beredtes Gegenüber aus Zeichen und Bildern. Ausstellung Gudrun Krüger/Gude Schaal in der Kreissparkasse Reutlingen«, in: *Reutlinger General-Anzeiger*, 30.9.1980

Storz, Bernd: »In einem Gefühl der Entfremdung. Gude Schaals expressive Bilder in der Eingangshalle des Reutlingen Rathauses«, in: *Reutlinger General-Anzeiger*, 11.1.1986

Rail, Iris: »Bild erwächst aus Erfahrungsstiefe. Arbeiten Gude Schaals anläßlich ihres 75. Geburtstages in der Kreissparkasse Reutlingen«, in: *Reutlinger Nachrichten*, 20.11.1990

Storz, Bernd: »Aus den visionären Quellen innerer Bilder. Ausstellung zum 75. Geburtstag von Gude Schaal in der Kreissparkasse Reutlingen«, in: *Reutlinger General-Anzeiger*, 8.12.1990

Cantré, Monique: »›Ich will nicht nur für mich malen‹, Interview«, in: *Reutlinger General-Anzeiger*, 12.12.2005

Knauer, Armin: »Malerin dramatischer Seelenbilder, Nachruf«, in: *Reutlinger General-Anzeiger*, 31.12.2011

Kurz, Uschi: »Die wilde Malerin ist tot. Die Reutlinger Künstlerin Gude Schaal starb 96-jährig«, in: *Schwäbisches Tagblatt*, 3.1.2012

Ströhle, Christoph B.: »Lebensfarben, die berühren, Ausstellungsbericht«, in: *Reutlinger General-Anzeiger*, 16.6.2015

Werner, Hansdieter: »Bilder, die von Innen kommen«, in: *Reutlinger General-Anzeiger*, 12.12.2015

Verzeichnis der Ausgestellten Werke

Archivmaterialien, Skizzenbücher, Tagebücher und Fotografien wurden nicht aufgelistet. Wenn nicht anders angegeben, beziehen sich die genannten Größenangaben auf das Bildmaß oder Passepartoutfenster. Sofern keine Besitzerangabe vermerkt wurde, befindet sich das Werk im Nachlass Gude Schaal, Reutlingen.

1929–1942

Ohne Titel, 1929, Bleistift, 22,4 × 15,9 cm (Abb. S. 17)

Kreuzigung und Auferstehung, 9.4.1931, Aquarell und Bleistift, 38,6 × 28,6 cm (Abb. S. 18)

Maria durch ein Dornwald ging, 1932, Scherenschnitt, 17,5 × 14,7 cm (Abb. S. 17)

Märchen, November 1935, Aquarell und Bleistift, 27,4 × 26,9 cm (Abb. S. 19)

Entführung, November 1935, Aquarell und Bleistift, 32,8 × 40,1 cm (Abb. S. 20)

Schlangenzauber, 1935, Aquarell, 32,3 × 32,3 cm (Rahmenmaß) (Abb. S. 21)

Frühling, 1936, Aquarell und Bleistift, 47,2 × 37,2 cm (Rahmenmaß)

Sonne, See und Strand, 1937, Feder und Gouache, 29,5 × 61 cm, 30,5 × 59 cm (Abb. S. 22/23)

Der Wassermann, Januar 1937, Aquarell und Bleistift, 60 × 49,9 cm (Abb. S. 24)

Die Erschaffung der Welt, 1938, Bleistift und Feder, 45,5 × 32,4 cm

Märchen, 1940, Aquarell und Bleistift, 42,2 × 29,9 cm (Abb. S. 25)

Ja. Als der Herr mit mächt'ger Schwinge, C. F. Meyer, 1942, Aquarell und Bleistift, sowie Typografie, 50 × 65 cm (Passepartout) (Abb. S. 26/27)

1954–1960

Selbstbildnis, 1954, Öl auf Malkarton, 60 × 49,5 cm, Privatsammlung (Abb. S. 35)

Kind und Schlange, 1955, Bleistift, 28,8 × 20,8 cm (Abb. S. 36)

Selbst, krank, 1957, Bleistift, 39,5 × 29,7 cm (Abb. S. 36)

Künstler, 1957, Bleistift, 28,6 × 38,6 cm

Gewitterlicht, 1958, Aquarell, 40,1 × 31,5 cm (Abb. S. 38)

Das Licht, 1958, Aquarell, 50,2 × 45,1 cm (Abb. S. 38)

Rote Kette, 16.10.1958, Aquarell, 50,2 × 35,7 cm (Abb. S. 43)

Ohne Titel, III, 5.5.1958, Bleistift, 23,4 × 31,6 cm (Abb. S. 37)

Welkende Papageientulpen, 18.3.1959, Aquarell, 46,6 × 34,9 cm

Schmerzen, 21.3.1959, Aquarell, 55 × 40,9 cm (Abb. S. 39)

Angst, 5.6.1950, Aquarell, 70,3 × 50,3 cm (Abb. S. 40)

Entsetzen, 16.6.1959, Aquarell, 70,1 × 50,2 cm (Abb. S. 41)

Selbstbildnis (ohne Spiegel), Weihnachten 1959, Öl auf Papier, 47,7 × 35,7 cm (Abb. S. 4)

Vergangenheit – Gegenwart – Zukunft, 1959, Aquarell, 70,1 × 50,1 cm (Abb. S. 44)

Garten im Mai, 1959, Aquarell, 54,6 × 41,6 cm

Am Fenster, 1959, Aquarell, 54,2 × 40,7 cm

Knabe mit Bild. Für meinen Sohn Eler Schaal zum 17. Geburtstag, Oktober 1960, Öl auf Papier, 43 × 34,9 cm (Abb. S. 46)

Jugend (Mädchen am Fenster mit Spiegel), 14.7.1960, Aquarell, 55 × 41,1 cm (Abb. S. 44)

Herbstabend über Reutlingen, 1960, Öl auf Hartfaser, 50 × 65 cm, Privatsammlung

Im Fensterspiegel, um 1960, Öl auf Papier, 52 × 44 cm (Abb. S. 45)

Vertriebene, 1960, Aquarell, 54,7 × 40,4 cm

1962–1977

Drei Menschen, 1962, Öl auf Hartfaser, 75 × 52 cm (Abb. S. 47)

Brücke, 1964, Öl auf Hartfaser, 35 × 44 cm (Abb. S. 64)

Striptease, 1966/1975, Öl auf Hartfaser, 80 × 59,5 cm (Abb. S. 77)

O. T. (Begräbnis Ev Hagenlocher), 1967, Öl auf Hartfaser, 59,6 × 79,6 cm, KunstmuseumReutlingen, Inv.-Nr. 15202

Halbakt, 1968/1979, Öl auf Hartfaser, 75 × 52 cm (Abb. S. 58)

Galerie Mensch, 1969, Öl auf Hartfaser, 90 × 80 cm, Privatsammlung

Bildhauerin, 1970, Öl auf Hartfaser, 91 × 80 cm, Kunstmuseum Reutlingen, Inv.-Nr. 01154 (Abb. S. 72)

Alter Maler, 1970, Öl auf Hartfaser, 109,7 × 80,2 cm (Abb. S. 72)

Am Schalter, 1970, Öl auf Hartfaser, 78,5 × 59,5 cm

Zerbrochener Spiegel, 1970, Öl auf Hartfaser, 89,5 × 74,5 cm

Großstadt, 1970, Öl auf Hartfaser, 90 × 80 cm, Privatsammlung (Abb. S. 70)

Fernseher, 1970, Öl auf Hartfaser, 90 × 80 cm (Abb. S. 76)

Maler und Modell, 1970, Linolschnitt, 28,9 × 19,9 cm

Maler und Modell, 1970, Linolplatte, 25,9 × 18 cm

Kopf E. S., 1970, Monotypie, 33,4 × 27,4 cm (Abb. S. 66)

Mit rotem Kopftuch, 1970, Öl auf Malpappe, 70 × 50 cm

Schloss Elmau, 1971, Öl auf Hartfaser, 89 × 73,8 cm (Abb. S. 69)

Abendwolke, 1971, Öl auf Hartfaser, 80 × 95 cm (Abb. S. 69)

Sturmflut, 1971, Öl auf Hartfaser, 95 × 80 cm

Männerbildnis mit Brief, 1972, Öl auf Hartfaser, 79 × 60 cm, Privatsammlung

Mode Salon, 1974, Öl auf Hartfaser, 90 × 74 cm, Privatsammlung

Paris-Urteil im Schaufenster, 1974, Öl auf Hartfaser, 95 × 80 cm (Abb. S. 77)

Selbstbildnis (Im Atelier), 1975, Bleistift, 27,6 × 21 cm

Im Atelier, 1975, Öl auf Hartfaser, 89,8 × 74 cm (Abb. S. 65)

Modepuppen, 1975, Öl auf Hartfaser, 90 × 65 cm, Privatsammlung (Abb. S. 77)

Genesung, 1976, Linolschnitt, 14,8 × 9,5 cm

Ohne Titel, 1977, Öl auf Hartfaser, 55 × 55 cm, Kunstmuseum Reutlingen, Inv.-Nr. 07322

Sinnende, 1977, Linolschnitt, 29,5 × 20,8 cm (Abb. S. 49)

Steg am Abend, 1977, Linolschnitt, 40,6 × 33,4 cm

Goldschmiedin (Uschi Klüppel), 1977, Öl auf Leinwand, 60 × 50 cm (Abb. S. 73)

Goldschmiedin, 1977, Linolschnitt, 37,8 × 26,2 cm (Abb. S. 73)

Mädchenkopf II, 1977, Öl auf Hartfaser, 50 × 40 cm, Privatsammlung

Mit Herbstblumen (Eugen Schaal), 1977, Öl auf Hartfaser, 62,7 × 49,7 cm, Privatsammlung (Abb. S. 66)

Blick auf die Binnenalster, 1977, Öl auf Hartfaser, 59,5 × 49,5 cm

1977–2010: Collagen *Mutter und Kind*

Mutter und Kind, 1977, Linolschnitt, 32,5 × 27,7 cm (Abb. S. 91)

Mutter und Kind – mit Modigliani, 1977/1980, Linolschnitt und Collage, 42,8 × 29,7 cm

Mutter und Kind – mit Modigliani II, 1977/1988, Linolschnitt und Collage, 42,8 × 29,7 cm (Abb. S. 92)

Mutter und Kind – (mit Feuer und Rauch), 1977/1989, Linolschnitt und Collage, 42,8 × 30 cm (Abb. S. 92)

Mutter und Kind – mit Karel Appel I, 1977/1989, Linolschnitt und Collage, 42 × 29,7 cm (Abb. S. 92)

Mutter und Kind – mit Karel Appel II + Strandfund 1977/1989, Linolschnitt und Collage, 42 × 29,7 cm (Abb. S. 93)

Mutter und Kind – mit Degas, 1977/1990, Linolschnitt und Collage, 42 × 29,7 cm (Abb. S. 95)

Mutter und Kind – mit Richard Lindner, 1977/1990, Linolschnitt und Collage, 42 × 29,7 cm (Abb. S. 95)

Mutter und Kind – mit Modigliani III, 1977/1990, Linolschnitt und Collage, 42 × 29,7 cm

Mutter und Kind – mit Macke I, 1977/1993, Linolschnitt und Collage, 42 × 29,7 cm

Mutter und Kind – mit Picasso, 1977/1999, Linolschnitt und Collage, 42 × 29,7 cm (Abb. S. 96)

Mutter und Kind – mit HAP Grieshaber »Siamkatzen«, 1977/1999, Linolschnitt und Collage, 42 × 29,7 cm (Abb. S. 94)

Mutter und Kind – mit Beckmann + Klimt, 1977/2000, Linolschnitt und Collage, 42 × 29,7 cm (Abb. S. 96)

Mutter und Kind – mit Gauguin + Mumien-Porträts + Emil Nolde, 1977/1993/2009, Linolschnitt und Collage, 42 × 29,7 cm (Abb. S. 95)

Mutter und Kind – mit Charley Toorop + Hendrik Werkman, 1977/2010, Linolschnitt und Collage, 42 × 29,7 cm (Abb. S. 96)

Mutter und Kind – mit Max Beckmann, 1977/2010, Linolschnitt und Collage, 42 × 29,7 cm (Abb. S. 97)

Mutter und Kind – mit Paula Modersohn, 1977/2010, Linolschnitt und Collage, 42 × 29,7 cm

Mutter und Kind – mit Heinrich Hoerle, 1977/ohne Jahr, Linolschnitt und Collage, 42,8 × 29,7 cm

1978–2010

Maja-Variation, 1978, Öl auf Hartfaser, 90 × 75 cm (Abb. S. 55)

Konferenz mit Puppe, 1981, Öl auf Hartfaser, 90 × 74 cm, Privatsammlung (Abb. S. 79)

Der Kenner, 1982, Öl auf Hartfaser, 89,5 × 64,3 cm (Abb. S. 75)

G. K. mit Katze (Gudrun Krüger), 1982, Öl auf Hartfaser, 79 × 59,4 cm

Halbakt vor Spiegel, 1984, Öl auf Hartfaser, 90 × 80 cm (Abb. S. 58)

Vor der Bohlenwand, 1984, Öl auf Hartfaser, 75 × 75 cm (Abb. S. 63)

Selbst, 1984, Monotypie, 36,5 × 25,9 cm

Gewitter zieht auf, 1985, Öl auf Hartfaser, 70,5 × 59,5 cm, Kunstmuseum Reutlingen, Inv.-Nr. 02473

Achalm im Schnee, 1986, Öl auf Hartfaser, 77 × 55 cm, Privatsammlung (Abb. S. 68)

Stadthäuser, 1987, Öl auf Hartfaser, 79 × 59,3 cm, Privatsammlung

Selbst mit schwarzer Pelzmütze, 1987, Öl auf Hartfaser, 70 × 42,5 cm, Privatsammlung, Alb

Geträumte Stadt, 1989, Öl auf Hartfaser, 90 × 80 cm (Abb. S. 71)

Treffpunkt, 1989, Öl auf Hartfaser, 76 × 56 cm (Abb. S. 80)

Verlassener Turm, 1990, Öl auf Hartfaser, 85 × 62 cm, Kunstmuseum Reutlingen, Inv.-Nr. 12319

Kliffkieker, 1990, Öl auf Hartfaser, 65 × 50 cm
Performance, 1991, Öl auf Hartfaser, 71 × 61 cm

Bollwerk, 1991, Öl auf Hartfaser, 78 × 58 cm

Röntgenbild über Zeichnung »Selbst«, 1991, Röntgenfolie und Zeichnung, 23,3 × 16,3 cm (Abb. S. 99)

Brücke, 1992, Öl auf Hartfaser, 68 × 64 cm

Durchblick, 1993, Bleistift und Collage, 33,5 × 27,5 cm (Abb. S. 98)

Fernsehabend, 1996, Öl auf Hartfaser, 71 × 61 cm, Kunstmuseum Reutlingen, Inv.-Nr. 12317 (Abb. S. 76)

Durchblick, 1996, Öl auf Hartfaser, 60 × 50 cm, Privatsammlung

Grosse Wogen II, 1996, Öl auf Hartfaser, 90 × 80 cm (Abb. S. 68)

Stillleben mit Zitrone, 1996, Öl auf Hartfaser, 70 × 63 cm

Aktkurs, 1997, Öl auf Hartfaser, 90 × 75 cm (Abb. S. 74)

Abendwolken über der Stadt, 1997, Öl auf Hartfaser, 90 × 80 cm (Abb. S. 68)

Fingerzeig, 1998, Öl auf Malkarton 80 × 60 cm (Abb. S. 80)

Rückblick, 1999, Öl auf Hartfaser, 80 × 60 cm (Abb. S. 67)

Wunschbild, 1999, Öl auf Hartfaser, 70 × 50 cm (Abb. S. 67)

Wolken am Abend, 1999, Öl auf Hartfaser, 80 × 60 cm

Brecher am Ufer, 2001, Öl auf Hartfaser, 80 × 60 cm, Kunstmuseum Reutlingen, Inv.-Nr. 12318 (Abb. S. 68)

Ohne Spiegel, 16.7.2004, Kugelschreiber (Abb. S. 86)

Mit Spiegel, 16.7.2004, Kugelschreiber (Abb. S. 86)

Nocturno II, 2005, Öl auf Hartfaser, 71 x 62 cm, Privatsammlung

Im Winter, 2006, Öl auf Hartfaser, 90 × 65 cm

Am alten Anleger, 2008, Öl auf Hartfaser, 80 × 60 cm (Abb. S. 81)

Lichte Wolken, 2009, Öl auf Hartfaser, 70 × 50 cm, Privatsammlung, Östringen

Abendglut, 2009, Öl auf Hartfaser, 80 × 60 cm

Großes Strandbild, 2009, Öl auf Hartfaser, 60 × 70 cm

Winterbild, 2010, Öl auf Hartfaser, 70 × 50 cm

Brücke II, 2010, Öl auf Hartfaser, 70 × 60 cm (Abb. S. 64)

Impressum

Diese Publikation erscheint anlässlich der Ausstellung
Gude Schaal. Mein Weg in die Malerei
Kunstmuseum Reutlingen | Spendhaus,
31. August 2024 – 26. Januar 2025

Leiter Kunstmuseum Reutlingen
Stephan Rößler

Ausstellung

Kurator*innen
Rainer Lawicki und Anna Katharina Thaler

Kunstvermittlung
Kerstin Rilling

Kommunikation
Sabrina Bebon, Jolanda Bozzetti, Stefanie Kogler-Heimburger und Johannes Krause-Schenk

Verwaltung
Karin Aupperlen und Sabrina Bebon

Museum- und Ausstellungstechnik
Günther Brändle, Karl-Heinz Dautermann, Ben Feher, Maria Theresia Kiechle, Mihaly Kovacs und Stefan Rahmig

Restauratorische Betreuung
Gundi Haussmann

Besucherdienste
Tim-Onno Kück, Adriana Loewe, Andrea Staiger und das Team der Aufsichten

Katalog

Für das Kunstmuseum Reutlingen herausgegeben von
Rainer Lawicki

Redaktion
Rainer Lawicki

Autor*innen
Julia Berghoff, Rainer Lawicki, Stephan Rößler, Gude Schaal und Anna Katharina Thaler

Lektorat
Kirsten Limberg

Projektleitung Verlag
Johanna Gielen

Satz und Gestaltung
Ute Lübbeke (inkl. Basislayout) und Book Book

Gesamtherstellung
Wienand Verlag

Printed in Germany

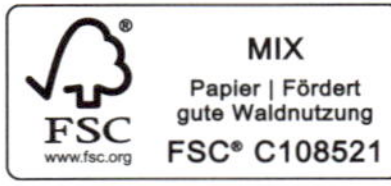

Erschienen im
Wienand Verlag
Weyertal 59, 50937 Köln
www.wienand-verlag.de

ISBN 978-3-86832-803-5

Bibliografische Information der Deutschen Nationalbibliothek
Die Deutsche Nationalbibliothek verzeichnet diese Publikation in der Deutschen Nationalbibliografie; detaillierte bibliografische Daten sind im Internet über http://dnb.dnb.de abrufbar.

Umschlagabbildung
Gude Schaal, *Konferenz mit Puppe*, 1981, Öl auf Hartfaserplatte

Frontispiz
Porträtfotografien von Gude Schaal, geb. Gudrun Dölker, im Jahr 1939 sowie 2008

Wienand-Publikationen werden weltweit in führenden Buchhandlungen und Museumsshops angeboten (Vertrieb in Europa, Asien, Nord- und Südamerika).

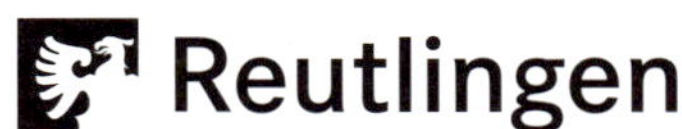

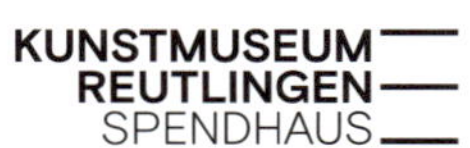